TEUBNER kochen

FLEISCH

TEUBNER kochen

FLEISCH

Wenn nicht anders angegeben, sind die Rezepte für 4 Portionen berechnet.

Mit der »TEUBNER kochen«-App wird Ihr Buch interaktiv. Sie brauchen nur ein Smartphone und eine Internetverbindung.

1. App herunterladen

Laden Sie die kostenlose »TEUBNER kochen«-App im Apple App Store oder im Google Play Store auf Ihr Smartphone. Starten Sie die App und wählen Sie Ihren Titel aus.

2. Foto scannen

Scannen Sie das Foto eines Rezeptes Ihrer Wahl mit der Kamera Ihres Smartphones. Klicken Sie im Display auf die Funktion Ihrer Wahl.

Kapitel 1

VORSPEISEN

Für das Carpaccio

250 g Kalbsfilet
1 EL Olivenöl
2 EL Haselnussöl
3 EL Zitronensaft
Salz
frisch gemahlener Pfeffer
30 g geröstete gehobelte Haselnüsse
Blattsalate, in etwas Vinaigrette mariniert

Für das Pfifferlingstatar

300 g Pfifferlinge
2 Schalotten
1 kleine Knoblauchzehe
1 EL Olivenöl
Salz
frisch gemahlener Pfeffer
1 Spritzer Zitronensaft
1 TL Schnittlauchröllchen
1 TL gehackte Petersilie

Niveau
★★
Fertig in
0:35 Std.

KALBS-CARPACCIO

MIT PFIFFERLINGSTATAR

1. Für das Pfifferlingstatar die Pilze putzen, die Schalotten und den Knoblauch schälen und fein würfeln. Das Olivenöl in einer Pfanne erhitzen und die Pilze mit den Schalotten darin anbraten.

2. Das Tatar anschließend mit Salz, Pfeffer, dem Knoblauch und Zitronensaft würzen. Die Pilze abkühlen lassen und fein hacken, die Kräuter untermischen und das Pilztatar nochmals abschmecken.

3. Das Kalbsfilet in sehr feine Scheiben schneiden. Die Scheiben zwischen mit Olivenöl bestrichene Frischhaltefolie legen und mit dem Plattiereisen oder den Handballen so dünn wie möglich drücken.

4. Die Servierteller mit etwas Haselnussöl ausstreichen, mit dem Pinsel einige Tropfen Zitronensaft darauf verteilen und alles mit Salz und Pfeffer bestreuen.

5. Die Fleischscheiben auf den Tellern anrichten und mit dem restlichen Haselnussöl, etwas Salz und Pfeffer würzen. Das Carpaccio mit den Nüssen bestreuen, mit Blattsalaten und Pfifferlingstatar garnieren.

Original und Varianten

Rohes Rinderfilet in hauchdünne Scheiben geschnitten, mit Olivenöl und Zitronensaft mariniert und mit Parmesan bestreut - so wird ein echtes Carpaccio serviert. Man kann es aber genauso gut auf piemontesische Art mit einer Selleriemayonnaise zubereiten. Dafür 50 g in Salzwasser gegarte Staudenselleriewürfelchen mit 1 EL Garsud, 1 Eigelb und 1 TL Dijonsenf pürieren. Dann tropfenweise ⅛ l Sonnenblumenöl unter die Masse mixen und die Sauce mit Selleriesalz, weißem Pfeffer und Zitronensaft abschmecken.

Für das Tataki

400 g Rinderfilet
1 EL Sesamöl
2 EL Sojasauce
1 TL kalt gepresstes Sonnenblumenöl

Für die Sherrybohnen

200 g feine grüne Bohnen
Salz
1 EL Sherry
1 EL Sojasauce
2 EL asiatische Pflaumensauce
3 EL kalt gepresstes Sonnenblumenöl
1 TL Sesamöl
1 EL Sherryessig
1 EL Chiliöl

Für die Sesamölsalsa

2 EL Sojasauce
2 EL süße Chilisauce
1 EL Sesamöl
1 EL kalt gepresstes Sonnenblumenöl

Außerdem

Shisokresse oder Kresse zum Garnieren
gerösteter schwarzer Sesam zum Bestreuen

Niveau
★★

Fertig in
4:00 Std.

RINDERFILET-TATAKI

MIT SESAMÖLSALSA

1. Für das Tataki das Rinderfilet parieren. Das Sesamöl mit der Sojasauce mischen und das Rinderfilet damit bestreichen. In Frischhaltefolie wickeln und im Kühlschrank etwa 3 Stunden marinieren.

2. Für die Sherrybohnen die Bohnen putzen. In einem Topf Wasser mit Salz zum Kochen bringen und die Bohnen darin in etwa 3 Minuten bissfest garen, anschließend abgießen und in Eiswasser abschrecken. Die Bohnen der Länge nach auseinanderziehen, um sie zu halbieren, und in eine Schüssel geben.

3. Für die Marinade Sherry, Sojasauce, Pflaumensauce, Sonnenblumen- und Sesamöl mit Sherryessig und Chiliöl verquirlen und zu den vorbereiteten Bohnen geben. Die Bohnen zugedeckt mindestens 45 Minuten bei Raumtemperatur durchziehen lassen.

4. Für die Sesamölsalsa alle Zutaten in einer Schüssel mischen und gut verrühren. Das Rinderfilet aus dem Kühlschrank nehmen und trocken tupfen. In einer beschichteten Pfanne das Öl sehr heiß werden lassen und das Filet darin rundherum kurz anbraten.

5. Das Filet aus der Pfanne nehmen, in Alufolie wickeln und mindestens 10 Minuten ruhen lassen. Erst danach das Filet in dünne Scheiben schneiden.

Anrichten und servieren

Schneiden Sie das Rinderfilet sehr dünn auf und richten Sie die Scheiben überlappend kreisförmig auf Tellern oder einer großen Servierplatte an. Die Sherrybohnen in die Mitte geben, das Fleisch mit der Sesamölsalsa beträufeln und mit Shisokresse und schwarzem Sesam bestreuen.

Um ein Filet zu parieren, im ersten Schritt das auf der Unterseite vorhandene Fett mit einem Messer mit langer scharfer Klinge dünn abschneiden, ohne das Fleisch dabei zu verletzen.

RINDERFILET VORBEREITEN

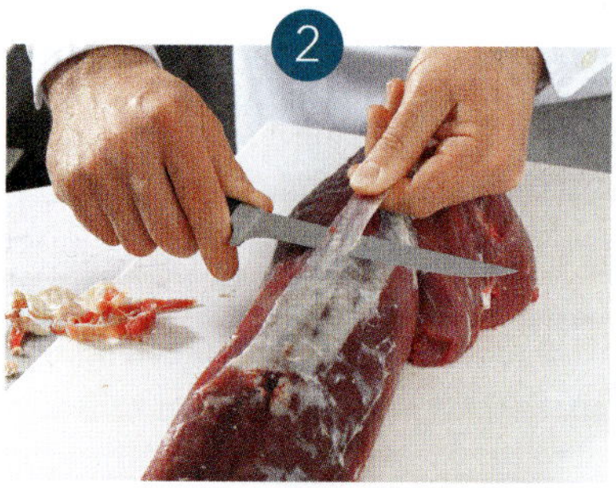

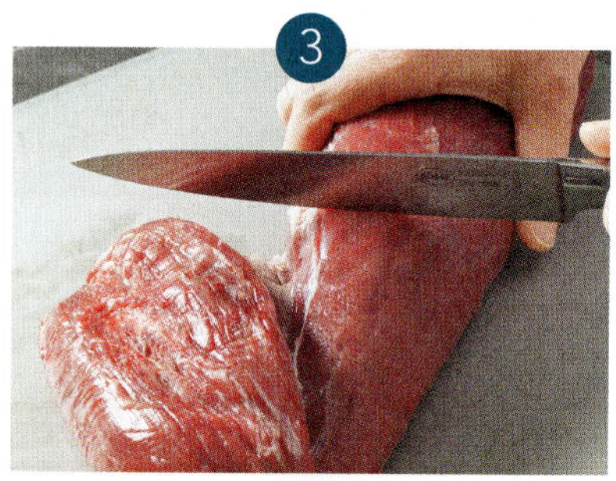

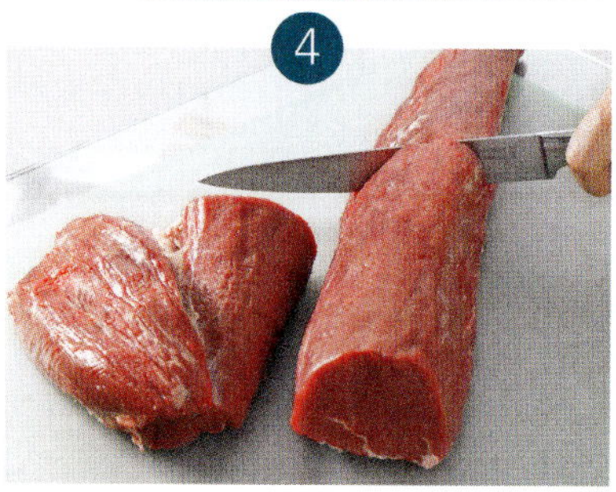

2. Das Filet umdrehen und die Sehne auf der Oberseite mit kurzen Schnitten vorsichtig abtrennen, dabei das Messer möglichst flach führen. 3. Zuerst den dicken Filetkopf quer zur Faser abtrennen. 4. Anschließend mit einem geraden Schnitt das Herz- oder Mittelstück des Filets von der schmal zulaufenden Spitze abschneiden. 5. Für Carpaccio hauchdünne Scheiben vom Mittelstück abschneiden.

Um hauchdünne Filetscheiben (beispielsweise für ein Carpaccio) zu erhalten, diese zwischen zwei Lagen Frischhaltefolie legen und mit dem Plattiereisen flach klopfen, sie werden dadurch nicht nur zarter und dünner, sondern auch etwas größer.

Ein Rinderfilet hat seinen Preis. Damit sein perfekter Genuss garantiert ist, sollte es vor der Zubereitung fachgerecht pariert, zugeschnitten und eventuell plattiert werden.

Rinderfilet parieren und zerteilen

Beim Parieren wird das zähe Bindegewebe (die weißen Häutchen) mit einem scharfen spitzen Messer rund um das Filet entfernt (siehe Abb. 1 bis 4). Achten Sie beim Parieren darauf, das Muskelfleisch nicht zu verletzen, damit nicht unnötig Fleischsaft verloren geht.

Filetscheiben plattieren

Hauchdünne Rinderfiletscheiben erhält man durch Plattieren (siehe Abb. 5 und 6). Kleiner Tipp: Das Aufschneiden eines Rinderfilets in dünnste Scheiben klappt besonders gut, wenn es zuvor 15 bis 20 Minuten tiefgekühlt wurde. Das Tiefkühlen ist jedoch kein Muss, Puristen setzen stattdessen auf extrascharfe Messer. Und wer eine Aufschnittmaschine hat, kann das Filet auch damit in gleichmäßige und hauchdünne Scheiben schneiden – das Plattieren ist dann nicht mehr notwendig.

Für das Tatar

300 g Rinderfilet, pariert und gut gekühlt

Salz

½ TL Zucker

2 Schalotten

2 große Sardellenfilets, in Öl

100 g Cornichons

1–2 EL Kapern

2 Eigelb

2 TL Senf

1 TL Tomatenmark

1 Msp. edelsüßes oder scharfes Paprikapulver

frisch gemahlener Pfeffer

2 EL gehackte glatte Petersilie

Für die Garnitur

4 Kopfsalatblätter, ein paar Friséeblätter und etwas Petersilie

Niveau

★★

Fertig in

0:30 Std.

TATAR

VOM RINDERFILET

1. Das Rinderfilet mit Küchenpapier abtupfen und in 1 bis 2 cm große Würfel schneiden. Die Fleischwürfel in einer Schüssel mit 2 bis 3 Prisen Salz und dem Zucker durchmischen; zugedeckt 10 Minuten im Kühlschrank ziehen lassen. Salz und Zucker in Verbindung mit der Kühlschranktemperatur verhindern ein unschönes Braunwerden des Fleisches.

2. Anschließend das Rinderfilet durch die feine Scheibe des Fleischwolfs drehen oder mit einem Koch- bzw. Hackmesser sehr fein hacken.

3. Die Schalotten schälen und fein würfeln. Die Sardellenfilets abspülen, mit Küchenpapier trocken tupfen und fein hacken. Cornichons und Kapern gut abtropfen lassen und ebenfalls fein hacken.

4. Sardellen, Cornichons, Kapern und Schalotten in einer Schüssel mit den Eigelben und dem zerkleinerten Rinderfilet vermengen. Das Tatar mit Senf, Tomatenmark, Paprikapulver und Pfeffer würzen, die gehackte Petersilie untermischen und das Tatar abschmecken.

5. Das Tatar zu kleinen Frikadellen formen. Die Salatblätter waschen, trocken schleudern, auf Tellern oder einer Servierplatte verteilen und die Tatarportionen darauf anrichten. Mit etwas Frisée und Petersilie oder anderen frischen Kräutern garnieren. Sofort servieren.

Lindströmbrötchen

Für diese schwedische Spezialität streicht man das Tatar auf gebutterte Schwarzbrotscheiben und brät diese mit der Tatarseite nach unten in heißem Butterschmalz an. Garniert wird das Häppchen mit einem Wachtel-Spiegelei und frischen Kräutern.

Für die Vinaigrette

1 kleine Peperoncini
1 TL Pinienkerne
5 EL kalt gepresstes Olivenöl
Saft von 1 Limette
1 TL kleine Kapern
1 TL Sultaninen
1 kleines Bund Schnittlauch
Salz
frisch gemahlener Pfeffer

Für die Straccetti

250 g pariertes Rinderfilet
Salz
frisch gemahlener Pfeffer
3 EL Olivenöl zum Braten

Niveau
★

Fertig in
0:30 Std.

STRACCETTI
MIT PEPERONCINI

1. Für die Vinaigrette die Peperoncini längs halbieren, entkernen und sehr fein würfeln. Die Pinienkerne in einer Pfanne ohne Fett anrösten. Peperoncini, Pinienkerne, Olivenöl, Limettensaft, Kapern und Sultaninen in einer Schüssel gut vermischen.

2. Den Schnittlauch waschen, trocken tupfen und in Röllchen schneiden. Die Schnittlauchröllchen unter die Vinaigrette rühren; mit Salz und Pfeffer abschmecken.

3. Das Rinderfilet in etwa ½ cm dünne Scheiben schneiden. Diese zwischen Frischhaltefolie vorsichtig flach klopfen oder plattieren. Aus der Folie nehmen und mit Salz und Pfeffer bestreuen.

4. Das Olivenöl zum Braten in einer großen Pfanne stark erhitzen. Die Filetscheiben hineinlegen und im heißen Öl kurz auf beiden Seiten kräftig anbraten.

5. Die Fleischscheiben aus der Pfanne heben und zum Entfetten auf Küchenpapier legen. Auf einer Platte anrichten, mit der Vinaigrette beträufeln und beispielsweise mit Grissini servieren.

Für das Spanferkel

½ Spanferkelkarree mit Knochen (das sind etwa 4 Koteletts mit Knochen, am Stück)

1 Zweig Rosmarin

1 TL Thymianblättchen

1 TL Dijonsenf

1 TL Honig

Salz

frisch gemahlener Pfeffer

2 EL Olivenöl

Für die Vinaigrette

1 kleine Zwiebel

75 g Röstgemüse (Möhren, Knollensellerie, Lauch)

100 ml trockener Weißwein

3–5 EL Olivenöl

20 ml Himbeeressig

100 g Senffrüchte (italienisches Feinkostprodukt)

Salz

frisch gemahlener Pfeffer

Niveau
★★★

Fertig in
1:30 Std.

PORCHETTA

MIT SENFFRÜCHTE-VINAIGRETTE

1. Das Fleisch auslösen (die Knochen aufbewahren) und mit der Fettseite nach unten für etwa 30 Minuten in heißes Wasser legen. Anschließend die Schwarte mit einem scharfen Messer rautenförmig einritzen. Das Fleisch mit der Schwarte nach unten auf ein Brett legen und mit der glatten Seite des Fleischklopfers leicht flach klopfen.

2. Die Rosmarinnadeln abstreifen. Mit den Thymianblättchen fein hacken. Die Kräuter mit Senf und Honig verrühren. Das Karree mit Salz und Pfeffer würzen, dann mit der Kräuterpaste bestreichen, zusammenschlagen und mit der Schwarte nach oben wie einen Rollbraten zusammenbinden. Den Backofen auf 160 °C vorheizen.

3. Das Karree rundherum in 2 EL Olivenöl in einem Bräter anbraten und anschließend für 15 bis 20 Minuten in den heißen Ofen schieben. Bräter herausnehmen und das Fleisch etwas abkühlen lassen. Zuerst fest in Frischhaltefolie, dann in Alufolie wickeln und kalt stellen.

4. Inzwischen für die Vinaigrette die Zwiebel schälen und fein würfeln. Das Röstgemüse bei Bedarf schälen, waschen, putzen und ebenfalls fein würfeln. Die Knochen im Bräter leicht anrösten. Gemüse und Zwiebel hinzufügen und kurz mitrösten. Alles mit dem Wein ablöschen, diesen etwas reduzieren.

5. Die Knochen mit kaltem Wasser bedecken und etwa 30 Minuten köcheln lassen. Die Sauce durch ein Sieb gießen, etwas reduzieren und mit Olivenöl und Himbeeressig mixen. Die Senffrüchte hacken und unter die Vinaigrette mischen; mit Salz und Pfeffer abschmecken.

6. Das Fleisch möglichst dünn aufschneiden. Die Teller vorwärmen und mit Olivenöl bestreichen. Darauf die Porchetta-Scheiben anrichten und mit der lauwarmen Vinaigrette überziehen. Sofort servieren.

Kotelettstrang

Der Kotelettstrang vom Spanferkel ist zum Braten im Ofen das richtige Stück. Die dünne Fettschicht sollte vor der Zubereitung möglichst nicht entfernt werden.

Spanferkelrücken

Der Spanferkelrücken ist ebenfalls ideal zum Braten im Ofen geeignet. Gut zu sehen sind hier die Rippen links und rechts sowie die beiden innen liegenden Filets.

Spanferkelbrust

Brust und Rippen vom Spanferkel sind viel magerer als bei einem ausgewachsenen Schwein.

SPANFERKEL

DIE TEILSTÜCKE

Da man zum Braten oder Grillen eines ganzen Spanferkels einen Spezialofen oder zumindest einen großen Holzbackofen benötigt, wird das Fleisch der jungen, noch säugenden Schweine in Einzelteilen angeboten. Es ist zarter als das ausgewachsener Tiere und milder im Geschmack. Weil auch der Fettgehalt von Spanferkelfleisch gering ist, bleiben Schwarte und die darunterliegende dünne Speckschicht bei der Zubereitung dran.

Schultern

Die ausgelösten Schultern des Spanferkels eignen sich ebenfalls zum Braten im Ofen, wobei die Schwarte vor der Zubereitung eingeschnitten werden sollte.

Spanferkelkeule

Vor dem Braten im Ofen sollte die Schwarte rautenartig eingeschnitten und während des Bratens z. B. mit Bier übergossen werden.

Spanferkellende

Die ausgelöste Lende wurde hier mit dem längs halbierten Filet zu einem Rollbraten gebunden, der z. B. auf einen Spieß gesteckt gegrillt werden kann.

Für das Rote-Bete-Salz

1 geschälte gegarte große Rote Bete

1 ½ EL grobes Stein- oder Meersalz

Für die Fleischröllchen

1 geschälte gegarte Rote Bete

1 Bund Rucola

12 dünne Scheiben Kalbsfilet

¼ TL Olivenöl

6 EL Frischkäse

frisch gemahlener Pfeffer

1 EL frisch geriebener Meerrettich

Niveau ★★★

Fertig in 2:30 Std.

KALBSFILETRÖLLCHEN

MIT ROTE-BETE-SALZ

1. Das Rote-Bete-Salz 1 bis 2 Tage vor der Verwendung zubereiten, damit es sein Aroma entfalten kann. Dafür die gegarte Rote Bete auf der groben Reibe raspeln und die Raspel auf einer doppelten Lage Küchenpapier ausbreiten, um den Saft aufzusaugen.

2. Anschließend die Rote-Bete-Raspeln im Backofen bei 60 bis 70 °C (Umluft) in etwa 1 Stunde 30 Minuten trocknen lassen. Die getrockneten Raspel im Mörser mit dem Salz zerstoßen und bis zur Verwendung in einem fest verschlossenen Glas durchziehen lassen.

3. Für die Kalbsfiletröllchen die Rote Bete in dünne Streifen (Julienne) schneiden. Rucola verlesen, waschen und sehr gut abtropfen lassen. Die Kalbsfiletscheiben zwischen leicht geölter Frischhaltefolie plattieren, anschließend mit je ½ EL Frischkäse bestreichen und mit Pfeffer bestreuen.

4. Nun einige Rote-Bete-Streifen sowie etwas Rucola und geriebenen Meerrettich auf dem Fleisch verteilen. Die Kalbsfiletscheiben aufrollen und über jedes Röllchen etwas Rote-Bete-Salz streuen.

Für den Dip

1 Knoblauchzehe

2 rote Chilischoten

150 g geröstete, ungesalzene Erdnüsse

4 EL Sonnenblumenöl

¼ l Kokosmilch

2 EL rote Currypaste

2 EL Reisessig

2 EL Fischsauce

3 EL Erdnussöl

30 g Schokolade mit Chili (70 % Kakaoanteil)

Für die Fleischspieße

600 g Schweinenacken

20 Holzspieße (je 15 cm lang)

Salz

Niveau

★★

Fertig in

1:00 Std.

SATÉ VOM SCHWEIN

MIT SCHOKOLADEN-ERDNUSS-DIP

1. Für den Schokoladen-Erdnuss-Dip die Knoblauchzehe schälen und fein hacken. Die Chilischoten waschen, halbieren, entkernen und in feine Streifen schneiden. Knoblauch und Chilistreifen mit den Erdnüssen im Sonnenblumenöl leicht anbraten.

2. Die Kokosmilch, die Currypaste, den Reisessig, die Fischsauce und das Erdnussöl hinzufügen und alles etwa 10 Minuten leicht köcheln lassen.

3. Inzwischen die Schokolade klein hacken und dazugeben. Die Mischung mithilfe des Stabmixers fein pürieren und den Dip anschließend kalt stellen.

4. Für die Spieße das Fleisch trocken tupfen und längs in 1,5 cm breite Streifen schneiden. Die Streifen ziehharmonikaartig auf die Holzspieße aufziehen und mit 5 EL vom Schokoladen-Erdnuss-Dip bestreichen. Die Spieße für etwa 20 Minuten in den Kühlschrank legen.

5. Den Backofengrill vorheizen. Die Fleischspieße mit Salz würzen, auf das Grillgitter legen und unter dem Backofengrill auf beiden Seiten etwa 2 bis 4 Minuten grillen. Dabei ein Backblech als Auffangschale für abtropfende Marinade unter den Grillrost schieben.

6. Die Fleischspieße mit dem restlichen Schokoladen-Erdnuss-Dip beispielsweise in Gläsern servieren. Die passende Beilage dazu ist Basmatireis.

Mit Frischhaltefolie bedeckt kann frisches Fleisch im Kühlschrank bei 2 bis 4 °C wenige Tage aufbewahrt werden.

KÜHLSCHRANK ODER TIEFKÜHLFACH?

WAS TUN, WENN SIE EINE GRÖSSERE MENGE FLEISCH GEKAUFT HABEN ODER ES ERST IN DREI TAGEN ZUBEREITEN WOLLEN? IM FOLGENDEN ERFAHREN SIE, WIE SIE FLEISCH SOWOHL KURZFRISTIG ALS AUCH LANGFRISTIG AUFBEWAHREN KÖNNEN.

Qualität vor Preis

Manchmal ergibt sich die Gelegenheit für einen besonders guten Kauf. Der Preis kann zwar ein Kriterium sein, doch beim Einkauf von Fleisch sollte immer die Qualität im Vordergrund stehen. Marmorierung und Farbe sind dabei wichtige Hinweise. Des Weiteren spielen die Rasse, das Alter der Tiere, die Fütterung und – vor allem beim Rind – auch der Grad der Reifung eine Rolle. Fragen Sie Ihren Fleischer, welche Tiere er verwendet und ob sein Rindfleisch gut abgehangen ist – 4 bis 5 Wochen sollten es schon sein, erst dann ist das Fleisch auch wirklich zart.

Die richtige Lagerung

Fleisch sollte dunkel und luftdicht verpackt werden, damit es vor Licht und Sauerstoff geschützt ist. Vorverpackte Ware am besten aus der Verpackung nehmen, das Fleisch in eine Schüssel legen und mit Frischhaltefolie bedecken. Bei entsprechender Kühlung – zwischen 2 und 4 °C – kann es einige Tage aufbewahrt werden. Rindfleisch hält sich so 3 bis 4 Tage, Kalb- und Schweinefleisch sollten innerhalb von 2 bis 3 Tagen und Hackfleisch noch am Kauftag verbraucht werden.

Mit einem Vakuumierer lässt sich Fleisch leicht in Folie einschweißen. Anschließend ist es optimal vor Sauerstoff geschützt.

Im Kühlschrank

Wollen Sie Fleisch bei normaler Kühlschranktemperatur (5 bis 6 °C) noch 3 bis 4 Tage aufbewahren, sollten Sie es in Öl einlegen. Haben Sie mehrere Steaks, legen Sie jeweils ein Stück geöltes Pergamentpapier zwischen die Scheiben, bevor alles in geöltes Pergamentpapier eingeschlagen wird. Größere Stücke legen Sie am besten in ein großes, verschließbares Gefäß und übergießen sie mit Öl. Der Luftabschluss verhindert den Verderb, gleichzeitig wird das Fleisch durch die weitere Reifung noch etwas zarter. Mit dem Öl können noch Kräuter, Knoblauch oder Chili zum Fleisch gegeben werden, um es zu aromatisieren. Zusätzliches Plus: Beim Einlegen in Öl lässt sich die gewünschte Menge exakt entnehmen, der Rest kann im Öl verbleiben.

Im Vakuum

Das Vakuumieren ist eine spezielle Art der Lagerung. Unter hygienisch einwandfreien Bedingungen wird das Fleisch in Folie eingeschweißt, wobei die Luft abgesaugt wird. So verpackt kann es dann weiterreifen. Ein Prinzip, das sich die meisten Fleischer zunutze machen – Folienreifung ist heute gang und gäbe. Das vakuumverpackte Fleisch reift dabei eingeschweißt mehrere Wochen bei einer Temperatur um die 0 °C. Im Kühlschrank ist die Temperatur höher und die Lagerdauer deshalb wesentlich kürzer. Dennoch ist diese Aufbewahrungsmethode für den Normalhaushalt empfehlenswert. Auch der Folienüberzug durch haushaltsübliche Vakuumiergeräte schützt das Fleisch vor dem Austrocknen.

Im Tiefkühlgerät

Wollen Sie Fleisch über einen längeren Zeitraum aufbewahren, sollten Sie es tiefkühlen. Bei Temperaturen unter -18 °C wird die Aktivität von Enzymen fast komplett gestoppt. Voraussetzung für das Lagern von Fleisch im Tiefkühlgerät ist frische, einwandfreie Ware. Zudem sollte das Tiefkühlen möglichst schnell, das Auftauen dagegen möglichst langsam vor sich gehen. Nutzen Sie die Schockfrosttaste an Ihrem Gerät, sie senkt die Temperatur kurzfristig auf –30 °C. Je schneller das Fleisch durchkühlt, desto besser bleibt die Qualität erhalten.

Wie lange Fleisch im Tiefkühlgerät lagern kann, hängt vor allem vom Fettgehalt ab: Tiefgekühltes Rind- oder Kalbfleisch hält 8 bis 10 Monate, mageres Schweinefleisch 6 Monate und fettes nur 2 bis 3 Monate. Zum Auftauen das Fleisch am besten in ein Gefäß mit Gittereinsatz legen und vorzugsweise über Nacht in den Kühlschrank stellen.

Kalbs T-Bone
Kalbs T-Bone

Für den Salat

300–350 g Schweinefilet

8 kleine Salzwassergarnelen von je 20–30 g

Salz

frisch gemahlener Pfeffer

1 kleine Möhre

50 g Gurke

1 grüne Mango

150 g Papayafruchtfleisch

1 EL Öl

1 Chilischote

25 g Ingwer

25 g geröstete, ungesalzene Erdnüsse

2 TL Limettensaft, mehr nach Geschmack

20 g Kokosraspel, geröstet

10 g süß-scharfe Chilipaste

20 ml Geflügelfond

Fischsauce und Zucker (nach Geschmack)

3 Kaffirlimettenblätter

Für die Garnitur

Friséesalatblätter

10 Knoblauchzehen

je 2 Stängel Pfefferminze und Koriandergrün

Öl zum Frittieren

Niveau

★

Fertig in

1:50 Std.

THAI-SALAT

MIT SCHWEINEFILET UND MANGO

1. Für den Salat das Fleisch mit Küchenpapier trocken tupfen und in etwa 1 x 4 cm große Streifen schneiden. Die Garnelen schälen. Fleischstreifen und Garnelen salzen und pfeffern.

2. Die Möhre putzen und schälen. Die Gurke schälen, längs halbieren und entkernen. Die Mango schälen und das Fruchtfleisch in Streifen vom Kern schneiden. Möhre, Gurke, Mango und das Papayafruchtfleisch in feine Streifen schneiden.

3. Das Öl im Wok stark erhitzen. Fleisch und Garnelen darin unter ständigem Rühren etwa 2 Minuten braten, bis das Fleisch gerade durchgebraten ist. Die angebratenen Zutaten aus dem Wok nehmen, in eine große hitzebeständige Schüssel geben und beiseitestellen.

4. Die Chilischote längs halbieren, entkernen und fein hacken. Den Ingwer schälen und ebenfalls fein hacken oder reiben. Die Nüsse grob hacken. In einer kleinen Schüssel Chili, Ingwer, Erdnüsse, 2 TL Limettensaft und Kokosraspel mit der Chilipaste und dem Geflügelfond gründlich verrühren. Die Chili-Erdnuss-Sauce mit weiterem Limettensaft sowie etwas Fischsauce und Zucker abschmecken.

5. Die Kaffirlimettenblätter in feine Streifen schneiden. Mit den Möhren-, Gurken-, Mango- und Papayastreifen zu Fleisch und Garnelen in die Schüssel geben; alles vermischen. Die Chili-Erdnuss-Sauce darübergießen, unterrühren und den Salat kurz durchziehen lassen.

6. Inzwischen für die Garnitur den Salat waschen, putzen und trocken schleudern. Den Knoblauch schälen, in feine Scheiben schneiden und im sehr heißen Öl knusprig frittieren. Auf Küchenpapier zum Entfetten geben.

7. Den Schweinefleischsalat in einer Schüssel anrichten und mit den Salatblättern garnieren. Minze und Koriander waschen, trocken schütteln und die Blättchen abzupfen. Kräuter und Knoblauchchips vor dem Servieren über den Salat streuen.

Salz

250 g Rindfleisch aus der Wade

50 g Mu-Err-Pilze

1 rote Paprikaschote

1 Chilischote

1 reife Mango

2 reife Avocados

2 EL Thai-Bailikumblätter

50 g Cashewkerne

50 g Kokosraspel

100 g Glasnudeln

2 EL Öll

frisch gemahlener Pfeffer

Saft von 2 Limetten

1 EL geröstetes Sesamöl

1 EL rosa Pfeffer, grob zerstoßen

2 TL schwarze Sesamsamen

Niveau

★★

Fertig in

1:20 Std.

GLASNUDELSALAT

MIT RINDFLEISCH

1. In einem großen Topf Wasser zum Kochen bringen und salzen. Das Fleisch hineinlegen und bei schwacher Hitze im siedenden Wasser in etwa 40 Minuten garen. Inzwischen die Mu-Err-Pilze in reichlich kaltem Wasser 20 Minuten einweichen.

2. Die Paprikaschote mit dem Sparschäler schälen, halbieren und putzen. Die Chilischote längs aufschneiden und entkernen. Anschließend Paprika und Chili in dünne Streifen schneiden.

3. Die Mango schälen und das Fruchtfleisch in Streifen vom Kern schneiden. Die Avocados halbieren und die Kerne herauslösen. Das Fruchtfleisch mit einem Löffel aus den Schalen heben und in Würfel schneiden. Die Thai-Basilikumblätter kalt abbrausen, trocken tupfen und in feine Streifen schneiden.

4. Die Mu-Err-Pilze abgießen, kalt abbrausen, um eventuell vorhandenen Sand zu entfernen, und die Stielansätze mit einem kleinen scharfen Messer abschneiden. Die Pilzhüte in schmale Streifen schneiden.

5. Eine beschichtete Pfanne ohne Fett erhitzen und die Cashewkerne darin hell rösten, sofort herausnehmen und grob hacken. Die Kokosraspel in die Pfanne geben und ebenfalls ohne Fett hell rösten.

6. Die Glasnudeln nach Packungsangabe in Wasser garen. Anschließend abgießen, kalt abschrecken und kurz abtropfen lassen. Lange Nudeln mit einer Schere in kürzere Stücke schneiden. Das Rindfleisch aus dem Topf nehmen, kurz abtropfen und etwas abkühlen lassen, dann in schmale Streifen schneiden.

7. Im Wok oder in einer großen Pfanne 1 EL Öl erhitzen. Die Fleisch- und Chilistreifen darin 3 bis 4 Minuten unter Rühren braten, dann salzen, pfeffern und herausnehmen. Das übrige Öl erhitzen und die Pilze darin kurz unter Rühren braten.

8. Alle vorbereiteten Salatzutaten in einer großen Schüssel vermengen und mit Limettensaft, Sesamöl, Salz und Pfeffer abschmecken. Den Salat mit rosa Pfeffer und schwarzem Sesam bestreuen und servieren.

Für den Tafelspitz

1 kg Kalbstafelspitz (beim Fleischer vorbestellen)

100 g Lauch

1 Petersilienwurzel

1 Zwiebel

1 ½ l heller Kalbsfond

⅛ l Weißwein

10 weiße Pfefferkörner

2 Lorbeerblätter

1 Zweig Thymian

6 Stängel glatte Petersilie

Für das Gelee

7 Blatt Gelatine

Salz

2 EL Champagneressig

Für die Sauce

50 g Brunnenkresseblättchen

⅛ l Kefir

Salz

frisch gemahlener Pfeffer

1–2 EL Zitronensaft

Außerdem

1 Terrinenform von 1 l Inhalt

Blattsalate und Rote-Bete-Sprossen für die Garnitur

3–4 EL Vinaigrette zum Marinieren

Niveau
★★★

Fertig in
9:00 Std.

TAFELSPITZGELEE

MIT BRUNNENKRESSESAUCE

1. Den Kalbstafelspitz parieren und beiseitelegen. Den Lauch waschen und in Ringe schneiden. Die Petersilienwurzel schälen und grob würfeln, die ungeschälte Zwiebel halbieren. In einem Topf Kalbsfond und Weißwein mit dem vorbereiteten Gemüse, den Gewürzen und den Kräutern zum Kochen bringen.

2. Das vorbereitete Fleisch in die kochende Flüssigkeit legen und bei etwa 90 °C bzw. im schwach siedenden Sud in etwa 1 Stunde 25 Minuten gar ziehen lassen. Den Topf vom Herd nehmen und das Fleisch im Sud erkalten lassen. Anschließend den Tafelspitz aus dem Sud nehmen und in etwa 3 mm dicke Scheiben schneiden.

3. Für das Gelee die Gelatine in kaltem Wasser einweichen. Den Tafelspitzfond durch ein Sieb passieren und ½ l davon abmessen. Etwa ein Viertel des Fonds in einem Topf erhitzen. Die Gelatine gut ausdrücken, im heißen Fond auflösen und die Geliermischung unter den restlichen Kalbsfond rühren. Den Fond mit Salz und Champagneressig abschmecken.

4. Die Terrinenform mit Frischhaltefolie auskleiden und den Formboden mit gelierendem Fond überziehen. Anschließend eine Lage Tafelspitzscheiben leicht überlappend auf die erste Geleeschicht legen und diese mit gelierendem Fond bedecken.

➧

Um das Tafelspitzgelee aus der Form zu lösen, die Form kurz in heißes Wasser tauchen, das Gelee auf ein Schneidebrett stürzen und die Form mitsamt der Folie vorsichtig abheben.

5. Die Form in den Kühlschrank stellen, bis das Gelee erstarrt ist. Aus dem Kühlschrank nehmen und erneut Fleisch und gelierenden Fond einschichten, bis die Zutaten aufgebraucht sind, den Fond zwischendurch immer wieder gelieren lassen. Die letzte Schicht soll aus Gelee bestehen. Das Gelee vor dem Servieren mindestens 6 Stunden durchkühlen und ganz fest werden lassen.

6. Für die Sauce die Brunnenkresse waschen und trocken tupfen. Zwei Drittel der Brunnenkresse mit dem Kefir im Mixer oder mit dem Stabmixer pürieren. Die Sauce mit Salz, Pfeffer und Zitronensaft abschmecken.

7. Das Tafelspitzgelee auf ein Brett stürzen und mit dem elektrischen Schneidemesser oder einem scharfen Messer in 1 ½ cm dicke Scheiben schneiden. Die restliche Brunnenkresse und die Blattsalate mit der Vinaigrette vermischen und kurz marinieren.

8. Zum Servieren pro Portion 1 Scheibe Tafelspitzgelee auf einen Teller legen, Blattsalate und Brunnenkresse daneben anrichten und alles mit Rote-Bete-Sprossen garnieren. Die Brunnenkressesauce separat dazu reichen.

Auch als Hauptgericht

Mit Bratkartoffeln wird das Tafelspitzgelee zum Hauptgericht – die Menge reicht dann für 6 Portionen. Wenn Sie ein paar Brunnenkressestiele im heißen Fond einige Stunden ziehen lassen, erhält die Terrine ein zartes Brunnenkressearoma.

Für die Terrine

500 g Kalbsschulter

Salz, 1 TL brauner Zucker

6 lange Scheiben grüner Speck (je 2 mm dick)

6 Pimentkörner

1 TL weiße Pfefferkörner

½ TL Korianderkörner

frisch geriebene Muskatnuss

1 ganze oder ½ TL gemahlene Macis (Muskatblüte)

1 Chilischote, geputzt

1 Lorbeerblatt

1 Zweig Thymian

100 g Kalbsleber

50 g gepökelte Kalbszunge (ersatzweise Kalbsleber)

2 cl Weinbrand

2 cl Madeira

250 g kalte Sahne

20 g Pistazienkerne, geschält und gehäutet

4 EL Kalbsjus

Cayennepfeffer

Für das Apfelgelee

1 kg saftige, säuerliche Äpfel

Saft von ½ Zitrone

½ Chilischote, gehackt

Salz

frisch gemahlener Pfeffer

2 Blatt Gelatine, in kaltem Wasser eingeweicht

Für das Apfelchutney

500 g säuerliche Äpfel

1 Zwiebel

1 Knoblauchzehe

1 kleine Chilischote

2 TL Öl

3 EL Apfel- oder Weißwein

2 TL Apfelessig

2–3 TL Zucker

frisch gemahlener Pfeffer

gemahlener Zimt und gemahlene Gewürznelken (nach Belieben)

Außerdem

1 Terrinenform von 1,2 l Inhalt

Niveau
★★★

Fertig in
7:15 Std.

KALBSTERRINE

MIT APFELCHUTNEY

1. Für die Terrine das Fleisch trocken tupfen und in grobe Würfel schneiden. Die Würfel mit je 1 TL Salz und Zucker würzen, auf einem Teller ausbreiten und für etwa 15 Minuten ins Tiefkühlfach stellen.

2. Inzwischen die Terrinenform mit den Speckscheiben auslegen. Dafür die Scheiben quer und überlappend in die Form geben. 1 Scheibe zum Abdecken der Terrine aufbewahren. Gewürze, Chilischote und Kräuter im Blitzhacker sehr fein mahlen. Eine ofenfeste Form, in der die Terrinenform gut Platz hat, zur Hälfte mit heißem Wasser füllen und in den Ofen stellen.

3. Den Backofen auf 175 °C vorheizen. Die Kalbsleber und die Zunge waschen, trocken tupfen, in große Würfel schneiden und mit der Hälfte der Gewürzmischung bestreuen. 1 cl Weinbrand und 1 cl Madeira hinzufügen und alles kurz im Kühlschrank durchziehen lassen.

4. Das tiefgekühlte Fleisch mit der restlichen Würzmischung sowie dem übrigen Weinbrand und Madeira in der Küchenmaschine fein zerkleinern, dabei nach und nach die kalte Sahne untermixen. Das muss alles sehr schnell gehen, damit die Farce nicht zu warm wird. Anschließend die marinierten Leber- und Zungenwürfel mit den Pistazien unter die Farce mischen.

5. Die Farce mit Kalbsjus, Cayennepfeffer und 1 bis 2 TL Salz pikant abschmecken. In die Form füllen (siehe Abb. Seite 40) und mit dem überlappenden Speck und der letzten Speckscheibe bedecken. Die Form mit Deckel oder Alufolie verschließen und die Terrine im Wasserbad 2 ½ Stunden pochieren.

6. Die Terrine ist gar, wenn ein in die Mitte hineingestecktes Thermometer 65 °C anzeigt. Aus dem Ofen nehmen, abkühlen lassen und bis zum Servieren kalt stellen.

➡

Die Farce in die Terrinenform füllen und mit einem Teigschaber gleichmäßig verteilen, damit keine Hohlräume entstehen. Nun die Form mehrmals leicht auf die Arbeitsfläche klopfen, um eventuell vorhandene Luftblasen zu entfernen.

7. Für das Gelee die Äpfel schälen, vierteln und entkernen. Anschließend mit Zitronensaft, Chili, Salz und Pfeffer im Mixer pürieren. Das Apfelpüree in einem Sieb abtropfen lassen.

8. Den aufgefangenen Saft (es sollten 200 ml sein; bei Bedarf mit Wasser oder Apfelsaft auffüllen) aufkochen, mit Zitronensaft abschmecken und die gut ausgedrückte Gelatine darin auflösen. Das Gelee in eine flache, eckige Form gießen und im Kühlschrank erstarren lassen.

9. Für das Chutney die Äpfel schälen, vierteln, entkernen und fein würfeln. Zwiebel und Knoblauch schälen und fein hacken. Die Apfelwürfel mit Zwiebel und Knoblauch aufkochen lassen (anstelle der Äpfel können Sie das übrig gebliebene, abgetropfte Apfelpüree nehmen). Die Chilischote längs aufschneiden, entkernen und fein zerkeinern.

10. Öl, Wein und Essig mit der Chilischote sowie Zucker und Pfeffer einrühren. Nach Belieben alles noch mit Zimt und Nelken abschmecken. Das Chutney in 20 bis 30 Minuten dicklich einkochen, dann in ein heiß ausgespültes Schraubdeckelglas füllen. Das Glas verschließen und das Chutney abkühlen lassen.

11. Die Terrine am besten am nächsten Tag (dann ist sie garantiert schnittfest) aus der Form auf ein Brett stürzen und mit dem Speckrand in 12 bis 16 Scheiben schneiden.

12. Das Apfelgelee in der Form in kleine Würfel schneiden. Die Terrine nach Belieben mit einer Salatgarnitur, den Geleewürfelchen und dem Apfelchutney anrichten.

Kapitel 2

SUPPEN UND EINTÖPFE

Für die Markklößchen

80 g ausgelöstes Rindermark (aus etwa 500 g Markknochen)

1 große Scheibe Weißbrot vom Vortag (etwa 50 g)

3 Eigelb

Salz

frisch gemahlener Pfeffer

frisch geriebene Muskatnuss

1 EL gehackte Petersilie

1 EL Mehl

Für die Suppe

1 Möhre

etwa 1 l Rinderbrühe

4 EL Schnittlauchröllchen

Niveau
★★

Fertig in
2:00 Std.

MARKKLÖSSCHEN
IN RINDERBRÜHE

1. Das Rindermark 1 Stunde in kaltem Wasser wässern (das Wasser zwischendurch 2- bis 3-mal wechseln). Inzwischen vom Weißbrot die Rinde abschneiden und das Brot im Blitzhacker fein zerkleinern. Außerdem für die Suppe die Möhre putzen, schälen, sehr fein würfeln und die Würfelchen in wenig Salzwasser bissfest dünsten.

2. Das Mark aus dem Wasser nehmen, trocken tupfen und in einer Kasserolle bei schwacher Hitze zerlassen, anschließend vollständig erkalten lassen.

3. Zuerst die Weißbrotbrösel unter das zerlassene Mark rühren, dann nach und nach die Eigelbe einarbeiten. Die Masse mit Salz, Pfeffer und Muskat würzen, zum Schluss Petersilie und Mehl unterrühren.

4. In einem Topf reichlich Salzwasser zum Kochen bringen. Von der Markmasse mit zwei in heißes Wasser getauchten Teelöffeln Nocken abstechen und diese mit angefeuchteten Händen zu Bällchen formen. Die Klößchen in das kochende Salzwasser geben und in etwa 5 Minuten gar ziehen lassen.

5. Die Rinderbrühe erhitzen und die Möhrenwürfel darin erwärmen. Die Klößchen auf Suppentassen oder -teller verteilen und die Brühe auf die Klößchen schöpfen. Die Suppe mit Schnittlauch bestreuen und sofort servieren.

Brühe aus Beinscheiben

Wenn Sie die Rinderbrühe aus Beinscheiben kochen (siehe auch Seite 49), können Sie das Mark daraus gleich für die Klößchen mitverwenden. Das gekochte Fleisch und das Suppengemüse bieten sich als zusätzliche Einlage für die Suppe an.

3 Scheiben geräucherter Bauchspeck (je etwa 3 mm dick)

80 g Kalbsleber

1 Zwiebel

40 g Semmelbrösel

1 Ei

2 EL gehackte Petersilie

1 TL Majoranblättchen

Salz

frisch gemahlener Pfeffer

frisch geriebene Muskatnuss

1 ¼ l Rinderbrühe

2 EL Schnittlauchröllchen

Niveau

★★

Fertig in

1:00 Std.

KALBSLEBER-NOCKERLN

IN RINDERBRÜHE

1. Für die Nockerl den Speck in sehr feine Würfel schneiden. Die Kalbsleber grob würfeln und durch die mittlere Scheibe des Fleischwolfs in eine Schüssel drehen. Die Zwiebel schälen und würfeln.

2. Die Speckwürfel in einer Pfanne ausbraten, die Zwiebelwürfel hinzufügen und glasig dünsten. Die Speck-Zwiebel-Mischung aus der Pfanne nehmen und auf Küchenpapier auskühlen lassen.

3. Die Speck-Zwiebel-Mischung zur durchgedrehten Leber geben, die Semmelbrösel und das Ei hinzufügen und alles zu einer glatten Masse vermengen. Nun die Kräuter sowie Salz, Pfeffer und frisch geriebene Muskatnuss hinzufügen, alles gut durchmischen und die Nockerlmasse etwa 10 Minuten quellen lassen.

4. Anschließend aus der Masse mit zwei in Wasser getauchten Teelöffeln eine Probenocke formen und diese in heißem Salzwasser 8 Minuten ziehen lassen. Falls die Nocke nicht zusammenhält, noch etwas Semmelbrösel in die Masse einarbeiten.

5. Die Rinderbrühe erhitzen. Mit zwei Teelöffeln kleine Nocken formen und in der heißen Brühe unterhalb des Siedepunkts in etwa 8 Minuten gar ziehen lassen. Die Suppe auf Teller verteilen oder in einer Terrine anrichten. Mit Schnittlauch bestreuen und sofort servieren.

Klassische Leberknödelsuppe

Dafür die Hälfte der im Rezept angegebenen Kalbsleber durch mageres Kalbfleisch ersetzen. Diese Masse dann zu kleinen Knödeln formen, in einer kräftigen Rinderbrühe garen und wie beschrieben servieren.

Für Rinderbrühe mit Querrippe

1,2 kg Rinderknochen mit Fleisch (vom Hals), klein gehackt

2 kg Rinderquerrippe

30–40 g Meersalz

2 Möhren

1 kleine Petersilienwurzel

120 g Knollensellerie

80 g Lauch

1 große Zwiebel

1 Bouquet garni (Abb. 6)

Für die Rinderbrühe mit Querrippe in einem großen Topf Wasser zum Kochen bringen. Knochen und Fleisch hineingeben und 3 Minuten kochen lassen.

RINDERBRÜHE KOCHEN

MIT QUERRIPPE ODER MIT BEINSCHEIBEN

2. Fleisch und Knochen in ein großes Sieb abgießen und kalt abbrausen; wieder in den Topf geben und mit 5 bis 6 l Wasser bedecken. 3. Das Salz hinzufügen und das Wasser aufkochen, dann die Hitze reduzieren. 4. Alles 1 Stunde köcheln lassen; gelegentlich abschäumen. Das Gemüse putzen oder schälen und grob würfeln. 5. Die Zwiebel quer halbieren und auf den Schnittflächen ohne Fett bräunen.

Ein Bouquet garni aus 5 Zweigen Thymian, 5 Stängeln Petersilie, 1 Staudensellerieherz, 1 Stück Lauch und 1 Stängel Liebstöckel binden. Mit dem Gemüse und der gebräunten Zwiebel in die Brühe geben, alles etwa 2 Stunden köcheln lassen. Die fertige Brühe durch ein Sieb gießen.

1. Rinderbrühe kann man aus Rinderknochen und Querrippe kochen, wie in den Abb. 1 bis 6 beschrieben, oder auch aus Rinderknochen und Beinscheiben.

2. Dafür 2 Beinscheiben vom Rind (je etwa 300 g) und 600 g klein gehackte Rinderknochen für 3 bis 4 Minuten in kochendes Wasser geben, dann in ein Sieb abgießen und kalt abbrausen.

3. Anschließend 2 l kaltes Wasser mit den Knochen aufkochen lassen; abschäumen und entfetten. Die blanchierten Beinscheiben hinzufügen und alles 2 Stunden köcheln lassen.

4. 4 halbierte und gebräunte Schalotten, 1 Bund zerkleinertes Suppengrün, 1 Gewürzsäckchen mit 1 Lorbeerblatt, 1 Gewürznelke, einigen zerdrückten Pfefferkörnern und 1 Thymianzweig dazugeben.

5. Die Brühe nun noch 30 Minuten köcheln lassen, dabei wiederholt abschäumen. Ein Sieb mit einem Tuch auslegen, die Brühe durch das Tuch in einen zweiten Topf gießen. Auf 1 l reduzieren und salzen.

Für die Suppe

200 g Zwiebeln

1 Möhre

100 g Lauch

80 g Knollensellerie

100 g Butter

800 g Ochsenschwanz, in Segmente zerteilt

1,2 kg Kalbs- und Rinderknochen, gehackt

1 EL Tomatenmark

¾ l kräftiger Weißwein

je 1 Zweig Thymian, Rosmarin und Salbei

je 1 Stängel Petersilie und Basilikum

60 ml trockener Sherry

Für die Klärmischung

2 Möhren

1 kleine Petersilienwurzel

100 g Lauch

400 g Rinderwade oder Beinscheiben

5 Eiweiß

3 Pimentkörner

10 weiße Pfefferkörner

1 EL Aceto balsamico, Salz

2 Knoblauchzehen

je 1 Zweig Thymian und Rosmarin

1 Stängel Basilikum

½ TL Majoranblättchen

2 Gewürznelken

1 Lorbeerblatt

Niveau ★★★

Fertig in 4:15 Std.

KLARE SUPPE
VOM OCHSENSCHWANZ

1. Den Backofen auf 180 °C vorheizen. Das Gemüse für die Suppe putzen und grob würfeln. Die Butter in einem Bräter zerlassen. Die Ochsenschwanzstücke, die gehackten Knochen und das gewürfelte Gemüse hinzufügen. Den Bräter in den Ofen stellen und Gemüse, Fleisch und Knochen unter mehrmaligem Wenden rösten.

2. Sobald alle Flüssigkeit im Bräter verdampft ist, das Tomatenmark dazugeben und mitrösten. Den Wein portionsweise dazugießen – immer erst erneut Wein dazugeben, wenn die vorherige Menge ganz eingekocht ist.

3. Die Zutaten im Bräter mit kaltem Wasser bedecken. Die Kräuter hinzufügen und den gesamten Bräterinhalt offen im Ofen 3 bis 3 ½ Stunden köcheln lassen, bis das Fleisch butterzart ist.

4. Nach der Garzeit den Bräter aus dem Ofen nehmen und die Ochsenschwanzstücke mit einer Fleischgabel aus dem Bräter fischen. Etwas abkühlen lassen.und anschließend das Fleisch von den Knochen lösen – es soll so weich sein, dass es fast von selbst von den Knochen fällt.

5. Für die Suppe den Bratfond durch ein Sieb gießen und vollständig erkalten lassen – währenddessen wird das Fett fest, setzt sich oben ab und lässt sich leicht abnehmen (so kann man den Fond besonders leicht entfetten).

6. Während die Zutaten für die Suppe garen, die Klärmischung vorbereiten. Dafür das Gemüse putzen. Das Fleisch von Rinderwade oder Beinscheiben schneiden und mit Möhren und Petersilienwurzel durch die grobe Scheibe des Fleischwolfs drehen. Den Lauch mit einem Messer klein schneiden. Die Fleisch-Gemüse-Masse mit den restlichen Zutaten für die Klärmischung vermengen.

➧

Zum Klären wird die Suppe in ein Sieb gegossen, das mit einem Passiertuch ausgelegt ist. Die Klärzutaten werden dabei im Tuch aufgefangen und die klare Suppe fließt in den Topf.

7. Die Klärmischung und den entfetteten Fond in einen Topf füllen und zum Kochen bringen, dabei ständig am Topfboden rühren. Nicht mehr rühren, sobald dichter Schaum aufsteigt. Alles 35 Minuten köcheln lassen, dann den Sherry dazugießen, das Ganze erneut aufkochen und noch 10 Minuten köcheln lassen.

8. Ein feinmaschiges Sieb mit einem Passiertuch auslegen und auf einen Topf setzen. Die Suppe in das Sieb gießen und klar durchlaufen lassen. Zum Servieren das Ochsenschwanzfleisch auf Suppentassen verteilen und die klare Suppe daraufschöpfen.

Reste verarbeiten

Falls Sie etwas ausgelöstes Ochsenschwanzfleisch übrig haben, können Sie das Fleisch noch warm in eine Form pressen und darin erkalten lassen. So lässt es sich später leicht in Würfel oder Scheiben schneiden und nach Belieben panieren und in heißem Fett ausbacken.

Für die Brühe

800 g Rindfleisch zum Kochen (Schulterstück)

1 kg Rinderknochen

1 TL weiße Pfefferkörner

5 Pimentkörner

5 Wacholderbeeren

2 Lorbeerblätter

10 Stängel Petersilie

2 Stängel Liebstöckel

Salz

2 Zwiebeln

2 Möhren

½ Knollensellerie (200–250 g)

½ Stange Lauch

Für die Einlage

2 Rote Beten (insgesamt 300–400 g)

250 g Weißkohl

1 Zwiebel

30 g Schweineschmalz oder 3 EL Öl

1 TL Zucker, Salz

1–2 TL Kümmel

frisch gemahlener Pfeffer

2 EL Rotweinessig

Außerdem

200 g saure Sahne

4 EL gehackter Dill

Niveau

★★

Fertig in

2:45 Std.

BORSCHTSCH

ROTE-BETE-TOPF MIT RINDFLEISCH

1. Die Knochen in einem Sieb kalt abspülen und in einen Topf geben. Mit kaltem Wasser bedecken und das Wasser langsam zum Kochen bringen. Anschließend Rindfleisch, Gewürze, Kräuter und etwas Salz zu den Knochen ins Wasser geben. Alles erneut aufkochen lassen; dabei immer wieder den Schaum, der sich an der Oberfläche bildet, abschöpfen.

2. Die (ungeschälten) Zwiebeln halbieren und in einer Pfanne ohne Fett auf den Schnittflächen rösten. Möhren, Sellerie und Lauch putzen bzw. schälen und waschen.

3. Das Gemüse in große Stücke schneiden und in die Suppe geben. Nach 15 bis 20 Minuten Garzeit die Möhren herausnehmen, kurz abkühlen lassen und als Suppeneinlage in Streifen schneiden.

4. Die Suppe 1 ½ bis 2 Stunden köcheln lassen, bis das Fleisch gar ist. Das Fleisch herausnehmen, kurz abkühlen lassen und in Würfel schneiden. Die Suppe durch ein mit einem Tuch ausgelegtes Sieb gießen und auffangen.

5. Für die Einlage die Roten Beten schälen und in Streifen schneiden. Den Weißkohl putzen, die Zwiebel schälen und beides ebenfalls in Streifen schneiden. Das Gemüse in einem großen Topf im Fett anbraten. Zucker, Salz und Kümmel darüberstreuen und die Suppe daraufgießen. Die Suppe köcheln, bis das Gemüse weich ist.

6. Die Möhrenstreifen und die Fleischwürfel in die Suppe geben und darin heiß werden lassen. Den Borschtsch mit Salz, Pfeffer und Essig kräftig abschmecken. In tiefe Teller füllen und mit saurer Sahne und Dill garnieren.

Spann- oder Querrippe »wie gewachsen«

Sie ist mäßig durchwachsen und besteht aus Deckel, Mittelteil mit Rippenknochen und Mittelstück.

Spannrippe ohne Knochen

Ausgelöst eignet sich die Spann- oder Querrippe zum Kochen und Pochieren; gewürfelt kann sie z. B. in einem Eintopf mitschmoren.

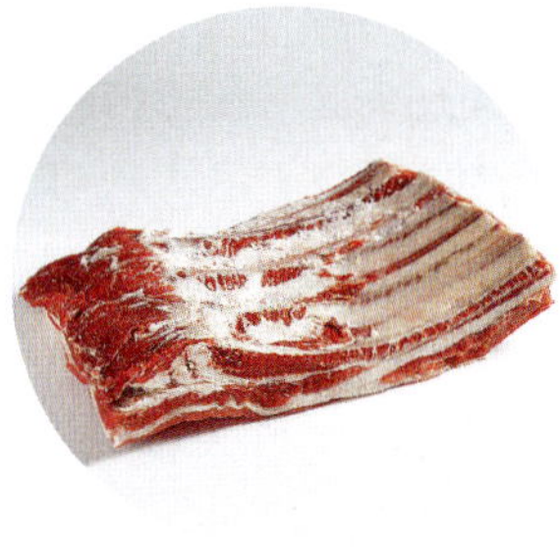

Das Leiterstück

Bei diesem Teilstück der Spannrippe sind die Rippen wie die Sprossen einer Leiter im Fleisch angeordnet. Nach dem Garen lassen sie sich leicht herausziehen.

RINDFLEISCH

ZUM KOCHEN

Ideal dafür sind die meisten der im Vergleich zur Keule preiswerteren, doch geschmacksintensiven Teilstücke des Vorderviertels vom Rind, allen voran die Teile der Brust. Ihr volles Aroma entwickeln die hier vorgestellten bindegewebsreichen Fleischstücke erst nach langer Kochzeit, weshalb sie (häufig gemeinsam mit Knochen) auch als Basis für Brühen verwendet werden.

Rinderbrust »wie gewachsen«

»Wie gewachsen« heißt, dass die Rinderbrust mit Brustbein angeboten wird. Hier sind nach der Grobzerlegung Brustbein und Rippenansätze gut zu erkennen.

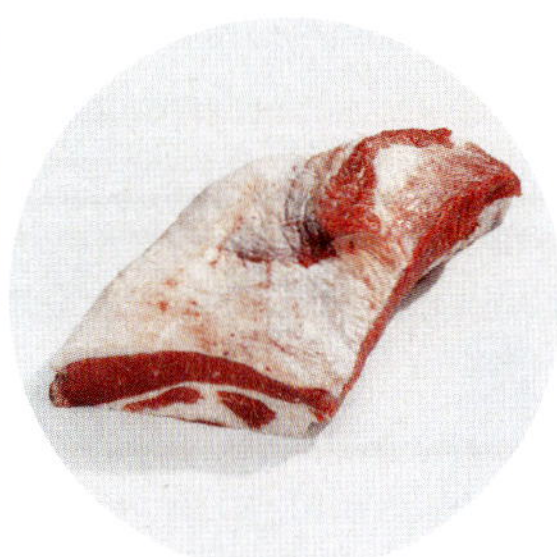

Ausgelöste Rinderbrust

Hier sind die drei Teile der Rinderbrust deutlich zu erkennen: hinten die fleischige Brustspitze, der stärker von Fett durchzogene Brustkern (Mitte) und vorn die flache, etwas magerere Nachbrust.

Die Brustspitze

Sie ist der fleischigste Teil der Brust und hat einen vergleichsweise geringen Knochenanteil. Das Fleisch der Brustspitze bleibt aufgrund des Fettanteils beim Garen schön saftig.

Die Nachbrust

Der flache, breitere Teil der Brust weist weniger Knochen auf als die anderen Teile und ist insgesamt etwas magerer. Entbeint und gerollt eignet er sich für einen Schmorbraten.

Für den Eintopf

500 g Rinderschulter

100 g geräucherter durchwachsener Bauchspeck

2 Zwiebeln

2 Knoblauchzehen

1 ½ l Rinderbrühe

1 Gewürzsäckchen mit 1 Lorbeerblatt, 2 Gewürznelken, 3 Wacholderbeeren und 8 schwarzen Pfefferkörnern

200 g breite Bohnen

200 g Wachsbohnen (gelbe Buschbohnen)

1 festkochende Kartoffel

1 Stück Lauch (80 g)

1 Möhre

50 g Knollensellerie

1–2 EL Bohnenkrautblättchen

Salz

Außerdem

Bohnenkraut oder Petersilie zum Garnieren

frisch gehobelter Meerrettich

Niveau ★

Fertig in 1:30 Std.

RINDFLEISCHTOPF

MIT BOHNEN

1. Die Rinderschulter mit Küchenpapier trocken tupfen und in etwa 2 cm große Würfel schneiden. Die Fleischwürfel nochmals trocken tupfen.

2. Den Speck in etwa 5 mm große Würfel schneiden. Zwiebeln und Knoblauch schälen und klein würfeln. Die Rinderbrühe in einem Topf aufkochen lassen.

3. Den Speck in einem Topf auslassen, aber nicht zu stark bräunen. Die Fleischwürfel dazugeben und im Speckfett rundherum anbraten, dann Zwiebel- und Knoblauchwürfel hinzufügen und kurz mitbraten. Die heiße Brühe dazugießen, das Gewürzsäckchen hineinlegen und den Eintopf zugedeckt etwa 45 Minuten bei schwacher Hitze köcheln lassen.

4. Inzwischen beide Bohnensorten putzen. Die breiten Bohnen in etwa 2 cm große Rauten, die Wachsbohnen in 2 cm lange Stücke schneiden. Kartoffel, Möhre und Sellerie schälen, den Lauch putzen und waschen. Alles Gemüse in etwa 1 cm große Würfel schneiden. Anschließend mit dem Bohnenkraut zum Fleisch in den Topf geben, den Eintopf leicht mit Salz würzen und noch etwa 25 Minuten köcheln lassen, bis das Gemüse gar isr.

5. Den Eintopf mit Salz abschmecken und in eine Terrine umfüllen. Mit etwas Bohnenkraut oder Petersilie und Meerrettichspänen garnieren und servieren.

Mit mediterraner Note

Ein ebenfalls köstlicher Eintopf entsteht, wenn Sie anstelle der frischen grünen Bohnen eingeweichte und vorgegarte weiße Bohnenkerne nehmen. In diesem Fall das Bohnenkraut weglassen und stattdessen den Eintopf mit Majoran oder Oregano würzen. Das verleiht dem Gericht ein eher mediterranes Aroma. Mit Lammfleisch (Nacken oder Schulter) anstelle von Rindfleisch, und nach dem Anbraten mit Lamm- oder Kalbsfond aufgefüllt, schmeckt dieser Weiße-Bohnen-Eintopf ebenfalls vorzüglich.

800 g Rindfleisch aus der Oberschale
4 rote Zwiebeln
2 Möhren
150 g Knollensellerie
2 EL Öl, mehr zum Braten der Gulaschrollen
1 TL Meersalz
1 TL Currypulver
1 TL gemahlener Kreuzkümmel
1 TL Tandooripulver
1 TL Zucker
2 EL Tomatenmark
½ l Rinderbrühe
½ l Maracujasaft
1 Mango
8 Blätter Frühlingsrollenteig (Kühlregal)
2 Eigelb
Koriandergrün zum Garnieren

Niveau
★★★
Fertig in
1:40 Std.

CURRYSUPPE

MIT MANGO UND GULASCHROLLEN

1. Das Rindfleisch trocken tupfen und in 2 cm große Würfel schneiden. Die Zwiebeln schälen, halbieren und in Streifen schneiden. Möhren und Sellerie schälen, putzen und klein würfeln.

2. In einem Topf 2 EL Öl erhitzen und das Fleisch darin portionsweise rundherum anbraten (siehe Abb. Seite 62); herausnehmen. Das vorbereitete Gemüse in den Topf geben und im verbliebenen Fett kurz dünsten. Das Fleisch hinzufügen und alles mit Salz, Curry, Kreuzkümmel, Tandooripulver und Zucker würzen.

3. Das Tomatenmark unter die Fleisch-Gemüse-Mischung rühren und 2 Minuten mitbraten. Brühe und Maracujasaft dazugießen und die Suppe offen etwa 50 Minuten leicht köcheln lassen.

4. Inzwischen die Mango (am besten mit einem Sparschäler) schälen, das Fruchtfleisch mit einem Messer vom Kern schneiden und anschließend in Streifen schneiden. Nach der Garzeit die Fleischwürfel aus der Suppe nehmen und die Mangostreifen hineingeben.

➧

Zuerst das in Würfel geschnittene Fleisch in zwei bis drei Portionen in etwas Öl anbraten, damit sich Röststoffe entwickeln und die Fleischporen schließen.

5. Die Teigblätter rundherum mit Eigelb bepinseln und das Fleisch auf die Blätter verteilen. Die Teigblätter fest aufrollen, dabei die Seitenränder leicht über die Füllung klappen, und die Teigrollen in heißem Fett goldgelb braten. Kurz auf Küchenpapier abtropfen lassen und schräg in der Mitte durchschneiden.

6. Zum Servieren die Suppe in tiefe Teller oder Schalen schöpfen, die Gulaschrollen darauf anrichten und jede Portion mit etwas Koriandergrün garnieren.

Klassische Gulaschsuppe

200 g in Würfel geschnittene Zwiebeln in einem ofenfesten Schmortopf in 30 g Butter glasig dünsten, dabei je 1 EL Paprikapulver und Tomatenmark hinzufügen und alles mit 1 EL Rotweinessig ablöschen. Nun 600 g in kleine Würfel geschnittenes Rindfleisch (aus der Schulter), 1 gehackte Knoblauchzehe, 1 gute Prise gemahlenen Kümmel und ½ TL Majoran in den Topf geben. Ein wenig kaltes Wasser darübergießen und etwas einkochen lassen. Das Fleisch zugedeckt 20 Minuten schmoren. Anschließend 1 gewürfelte (mehligkochende) Kartoffel mit reichlich Wasser zum Gulasch geben; köcheln lassen, bis die Würfel weich sind. Danach den Topf in den 150 °C heißen Backofen stellen und das Gulasch 3 oder mehr Stunden darin offen bis zur gewünschten Konsistenz garen.

600 g Rinderschulter
200 g luftgetrockneter durchwachsener Speck
3 Schalotten
1 Lorbeerblatt
2 Gewürznelken
Salz
80 g Graupen (über Nacht in ½ l Wasser eingeweicht)
1 Bund Suppengrün
1–2 EL Butter
frisch gemahlener Pfeffer
frisch geriebene Muskatnuss
4 Eigelb
2–3 TL Kräuteressig
gehackte Kräuter (z. B. Kerbel, Petersilie, Schnittlauch und/oder Ysop) zum Bestreuen

Niveau
★★

Fertig in
2:30 Std.

GRAUPENSUPPE
MIT RINDFLEISCH

1. Das Rindfleisch mit Küchenpapier abtupfen und mit dem Speck in einen großen Suppentopf geben. 2 l heißes Wasser dazugießen und aufkochen lassen.

2. Schalotten schälen; mit Lorbeerblatt, Gewürznelken und 1 TL Salz in den Topf geben und alles 1 Stunde 30 Minuten köcheln lassen, dabei zwischendurch immer wieder abschäumen.

3. Fleisch und Speck erst aus dem Topf nehmen, wenn das Fleisch ganz weich ist. Möglicherweise braucht es noch 30 Minuten mehr Zeit zum Garen, in dem Fall noch etwas Wasser nachgießen.

4. Lorbeerblatt, Gewürznelken und Schalotten aus dem Fond entfernen und die Graupen samt Einweichwasser hineingeben. Das Ganze aufkochen und zugedeckt etwa 30 Minuten köcheln lassen, bis die Graupen weich sind.

5. Inzwischen das Suppengrün putzen, waschen und in feine Würfel schneiden. Die Butter in einem kleinen Topf zerlassen, die Gemüsewürfel darin andünsten, salzen, pfeffern, 2–3 EL Fond dazugeben und bissfest garen.

6. Rindfleisch und Speck in kleine Würfel schneiden und zur Graupensuppe geben. Die Suppe einmal aufkochen lassen und mit Muskat abschmecken. Vom Herd ziehen.

7. Die Eigelbe mit dem Essig verquirlen und rasch in die heiße Suppe rühren. Die Gemüsewürfel hineingeben und die Suppe mit gehackten Kräutern bestreuen.

300 g Rinderschulter
300 g Schweineschulter
300 g Lammschulter
Salz
frisch gemahlener Pfeffer
4 EL Öl
250 g Möhren
250 g Knollensellerie
200 g Zwiebeln
250 g festkochende Kartoffeln
250 g Weißkohl
200 g Lauch
4 TL frische Majoranblättchen
1 l Kalbsfond oder Rinderbrühe
gehackte Petersilie zum Bestreuen

Niveau
★★
Fertig in
1:40 Std.

PICHELSTEINER EINTOPF

1. Das Fleisch mit Küchenpapier trocken tupfen und in 3 bis 4 cm große Würfel schneiden. Mit Salz und Pfeffer bestreuen und portionsweise im heißen Öl in einem großen Schmortopf rundherum kräftig anbraten. Aus dem Topf nehmen und beiseitestellen.

2. Möhren, Sellerie, Zwiebeln und Kartoffeln schälen und waschen. Den Weißkohl putzen, dabei den Strunk und die dicken Blattrippen entfernen. Die Blätter ablösen, waschen und trocken schütteln. Den Lauch putzen, längs aufschneiden und gründlich waschen. Das vorbereitete Gemüse in etwa 3 cm große Würfel bzw. Streifen schneiden und miteinander mischen.

3. Den Backofen auf 150 °C vorheizen. Jeweils eine Lage Fleisch und eine Lage gemischtes Gemüse in den Schmortopf schichten; dabei jede Schicht mit Salz, Pfeffer und Majoran würzen. Den Fond seitlich in den Topf gießen und alles langsam zum Kochen bringen.

4. Den Topf schließen, in den Ofen stellen und den Pichelsteiner Eintopf 45 bis 60 Minuten garen, bis das Fleisch gar ist. Zwischendurch auf keinen Fall umrühren. Zum Servieren den Eintopf mit Petersilie bestreuen und auf vorgewärmte Suppenschalen verteilen.

Das Original

Beim »Büchelsteiner Fleischgericht«, so lautet der ursprüngliche Name für diesen Eintopf, kommen außer Fleisch und Gemüse auch noch Rindermarkscheiben dazu. Diese werden nach dem Wässern kurz angebraten und dann mit in den Topf geschichtet.

1 kg Kalbsknochen

500 g Kalbsfuß

1 küchenfertiges Suppenhuhn oder 1 Hähnchen (etwa 1 kg)

Salz

200 g Zwiebeln, geschält

180 g Staudensellerie, geputzt

200 g Lauch, nur der helle Teil

½ Bund glatte Petersilie

1 Lorbeerblatt

1. Zur Intensivierung des Geschmacks kommt für einen hellen Kalbsfond außer Kalbsknochen und Kalbsfuß noch ein Huhn oder ein Schweineschwanz mit in den Topf. 2. Zum Blanchieren die gehackten Knochen und Kalbsfußstücke in einen großen Topf mit sprudelnd kochendem Wasser geben und darin 3 bis 4 Minuten kochen lassen.

HELLER KALBSFOND

DIE BASIS FEINER SUPPEN UND SAUCEN

3. Knochen und Füßstücke in ein Sieb abschütten; kalt abschrecken. 4. Mit dem Huhn wieder in den Topf geben. 3 l Wasser zugießen; aufkochen, köcheln lassen und alles leicht salzen.

1. Für einen Kalbsfond die Kalbsknochen und den Kalbsfuß waschen, mit dem Küchenbeil in gleich große Stücke hacken (das kann auch der Fleischer übernehmen) und blanchieren (siehe Abb. 2 und 3). Das Huhn unter fließendem kaltem Wasser innen und außen abspülen, alles sichtbare Fett entfernen und weiterarbeiten (siehe Abb. 4 und 5).

2. Während Knochen und Huhn köcheln, die Zwiebeln und den Sellerie in grobe Stücke schneiden. Den Lauch putzen, halbieren und gründlich waschen. Anschließend mit der Petersilie und dem Lorbeerblatt zu einem Bouquet garni zusammenbinden. Nun den Fond fertigstellen wie in den Abb. 6 und 7 beschrieben und gezeigt wird.

Für den Vorrat

Wenn Sie Kalbsfond nach diesem Rezept kochen, dann verdoppeln Sie am besten gleich die Mengen und legen sich einen kleinen Fond-Vorrat zu. Entweder Sie lassen den Fond abkühlen und frieren ihn in kleinen Portionen ein, oder Sie füllen ihn kochend heiß und randvoll, in ein sauberes Schraubdeckelglas, verschließen dieses und lassen den Fond abkühlen. So hält er sich gut 2 Monate, im Tiefkühlgerät 4 bis 6 Monate.

Den Topfinhalt bei schwacher Hitze etwa 2 Stunden köcheln lassen, den Schaum zwischendurch immer wieder abschöpfen. Während der Garzeit nicht umrühren.

6. Das klein geschnittene Gemüse und das Bouquet garni in den Topf geben und alles noch 1 Stunde köcheln lassen. 7. Ein feinmaschiges Sieb mit einem Passiertuch auslegen, den fertigen Fond hineinschütten und in eine Kasserolle abtropfen lassen.

125 g gemischtes Hackfleisch

2 EL helle Sojasauce

2 EL Fischsauce (Nam Pla)

frisch gemahlener weißer Pfeffer

12 küchenfertige kleine Kalmartuben

1 l Geflügel- oder Kalbsfond

4 geschälte rohe Salzwassergarnelen

5 Chinakohlblätter

2 Stängel Koriandergrün

2 Frühlingszwiebeln

1 EL gehackter eingelegter Kohl (Senfkohl)

125 g Mungbohnensprossen

Zucker

2–3 EL Limettensaft, nach Belieben

40 g Reisbandnudeln, in Wasser gekocht (ergibt etwa 100 g gekochte Nudeln)

12 dünne Scheiben Rinderfilet (je etwa 20 g)

2 EL gehackter Knoblauch, in Öl frittiert

Niveau
★★

Fertig in
0:35 Std.

REISNUDELSUPPE

MIT FLEISCH UND SEAFOOD

1. Das Hackfleisch mit je 1 EL Soja- und Fischsauce vermengen und mit Pfeffer würzen. Die Kalmartuben abspülen, mit Küchenpapier trocken tupfen und mit der Hackfleischmasse füllen.

2. Den Fond in einem Topf zum Kochen bringen, die gefüllten Kalmare und die Garnelen hineingeben und bei schwacher Hitze in 15 bis 20 Minuten gar ziehen lassen. Herausnehmen und warm stellen.

3. Die Chinakohlblätter waschen, trocken schütteln und in Streifen schneiden. Die Korianderblättchen von den Stängeln zupfen und die Stängel in 2 cm lange Stücke schneiden. Die Frühlingszwiebeln putzen, waschen und ebenfalls in etwa 2 cm lange Stücke schneiden.

4. Chinakohlstreifen, Korianderstängel, eingelegten Kohl, Bohnensprossen und Frühlingszwiebelstücke in die Suppe geben. Alles kurz aufkochen lassen.

5. Die Suppe mit der restlichen Soja- und Fischsauce sowie etwas Zucker und nach Belieben mit Limettensaft würzen und abschmecken.

6. Reisnudeln, gefüllte Kalmare, Garnelen und rohe Rinderfiletscheiben auf vier Suppentassen verteilen. Die kochend heiße Suppe mit dem Gemüse darübergießen. Mit Korianderblättchen und frittiertem Knoblauch bestreuen und servieren.

Individuell variieren

Stellen Sie Chilipulver, in Essig eingelegte rote Chilischeiben, Fischsauce und Zucker separat auf den Tisch, so kann jeder seine Suppe selbst abschmecken. Anstelle der 12 kleinen können Sie 3 oder 4 größere Kalmare füllen. Diese müssen allerdings etwas länger ziehen und werden dann in Scheiben geschnitten wieder in die Suppe gegeben.

12 getrocknete Shiitakepilze
50 g geschälte rohe Garnelen
1 Stück Korianderwurzel (5 cm)
3 Knoblauchzehen
1 kleine rote Chilischote, nach Belieben
200 g Schweinehackfleisch
1 EL Sonnenblumenöl
frisch gemahlener weißer Pfeffer
je 1 EL Fischsauce und helle Sojasauce
1 l Geflügelfond oder Schweinebrühe
3 Mini-Salatgurken
300 g weicher Tofu
2 Frühlingszwiebeln
3 EL Korianderblättchen

Niveau
★★

Fertig in
1:00 Std.

THAI-SUPPE

MIT HACKFLEISCH, GARNELEN UND TOFU

1. Die Shiitakepilze etwa 20 Minuten in lauwarmem Wasser einweichen. Die Garnelen kalt abspülen, trocken tupfen und längs halbieren.

2. Korianderwurzel waschen und fein hacken. Knoblauch schälen, fein hacken und mit der Korianderwurzel im Mörser zu einer Paste verarbeiten. Nach Belieben die Chilischote entkernen, grob zerkleinern und mit Knoblauch und Korianderwurzel im Mörser zerdrücken.

3. Das Hackfleisch, die Garnelen und die Würzpaste gut miteinander vermengen. Die Pilze ausdrücken. Das Öl in einem Topf erhitzen und die Hackfleischmischung mit den Pilzen darin unter Rühren anbraten. Mit Pfeffer sowie Fisch- und Sojasauce würzen, den Fond dazugießen und die Mischung zum Kochen bringen.

4. Inzwischen die Gurken schälen, längs halbieren, die Hälften mit einem Löffel entkernen und in 5 mm dicke Scheiben schneiden. Den Tofu in 1 cm große Würfel schneiden. Die Frühlingszwiebeln putzen, waschen und in 2 cm lange Stücke schneiden.

5. Gurken, Tofu und die Frühlingszwiebeln in die Suppe geben und darin heiß werden lassen. Die Korianderblättchen untermischen, die Suppe abschmecken, mit Pfeffer würzen und servieren.

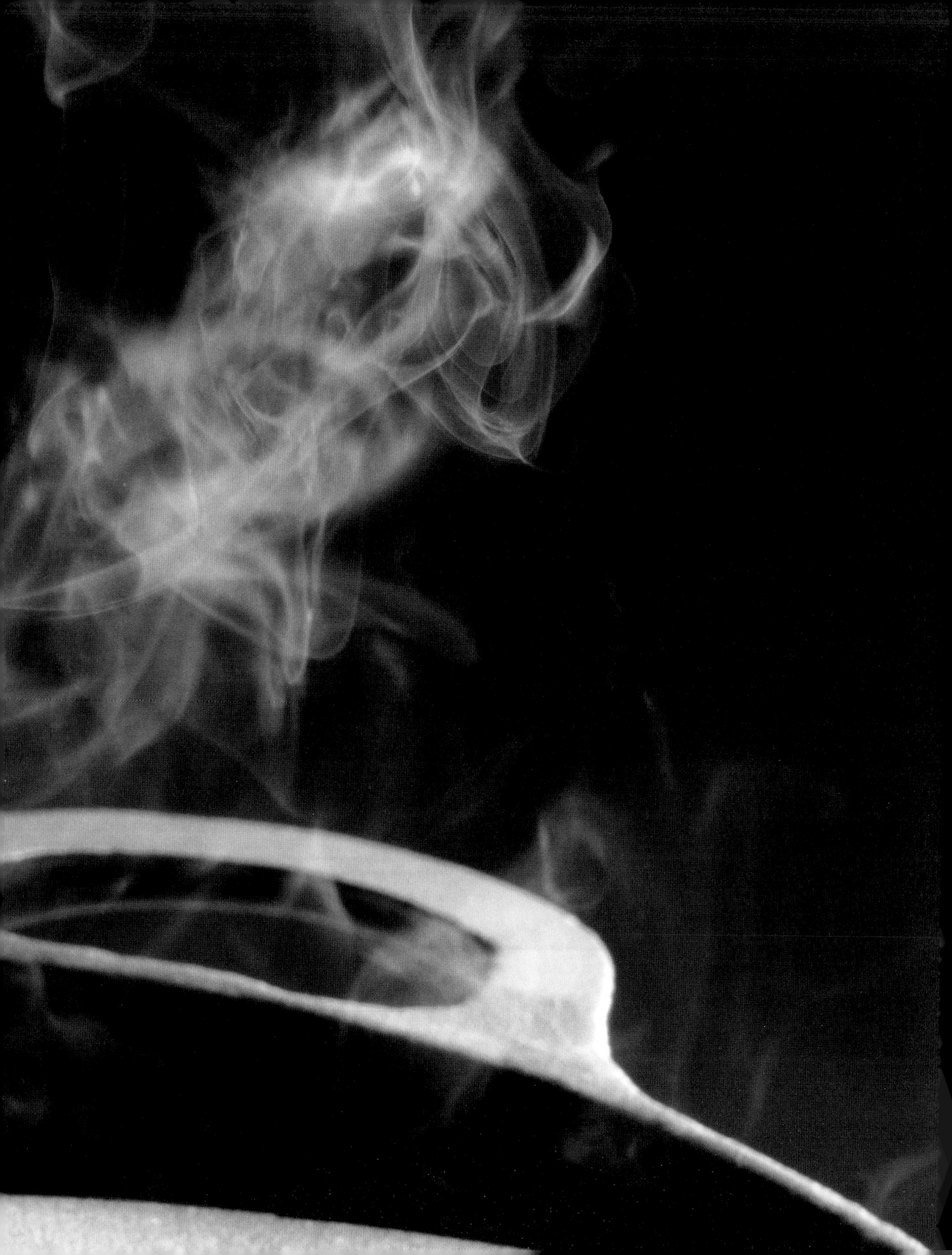

Kapitel 3

POCHIERT UND GEDÄMPFT

Für das Rinderfilet

800 g Rinderfilet aus dem Mittelstück
2 Schalotten
4 Knoblauchzehen
1 l kräftige Rinderbrühe
1,2–1,6 l Rotwein (z. B. Burgunder)
100 ml Rotweinessig
2 Lorbeerblätter
2 Gewürznelken
8 Pfefferkörner, angedrückt
Salz

Für das Gemüse

10 festkochende Kartoffeln (700 g)
3 große Tomaten
1 Knoblauchzehe
2–3 EL Olivenöl
Salz
frisch gemahlener Pfeffer
1 Zweig Thymian

Für die Sauce

1 Schalotte
150 ml mildes Olivenöl
2 EL schwarze Oliven
1 TL Weißweinessig
1 TL süßer Sherry oder Marsala
5 weiße Pfefferkörner
50 ml und 1 EL Rinderbrühe
1 Knoblauchzehe
2 Eigelb
1 EL steif geschlagene Sahne
Zitronensaft
Salz
frisch gemahlener Pfeffer

Niveau
★★★
Fertig in
1:10 Std.

RINDERFILET

MIT RÖSTGEMÜSE UND SAUCE DIVINE

1. Das Rinderfilet trocken tupfen und mit Küchengarn wie einen Rollbraten binden, dabei an beiden Enden jeweils eine Schlaufe anbringen (siehe Abb. Seite 79). Schalotten und Knoblauch schälen. Die Schalotten in Ringe schneiden, die Knoblauchzehen halbieren.

2. Die Brühe mit Rotwein, Essig, Schalotten, Knoblauch, den Gewürzen und ein wenig Salz in einen Topf geben und aufkochen lassen.

3. Um das Filet zu pochieren, einen Holzkochlöffelstiel durch die Schlaufen stecken und den Stiel quer auf den Topf legen, sodass das Filet in der Brühe hängt, den Topfboden dabei aber nicht berührt (siehe Abb. Seite 78). Bei Bedarf noch etwas Rotwein nachgießen. Das Fleisch je nach Dicke in 25 bis 30 Minuten knapp unter dem Siedepunkt gar ziehen lassen.

4. Währenddessen für das Röstgemüse die Kartoffeln waschen, schälen und in 5 mm große Würfel schneiden. Die Tomaten mit kochend heißem Wasser überbrühen, kalt abschrecken, häuten, entkernen und ebenfalls in 5 mm große Stückchen schneiden. Die Knoblauchzehe schälen und fein zerkleinern.

5. Das Olivenöl in einer Pfanne erhitzen und die Kartoffelwürfel darin anbraten. Mit Salz und Pfeffer würzen, die Hitze reduzieren und die Kartoffeln noch 5 bis 7 Minuten weiterbraten. Kurz vor Ende der Garzeit Knoblauch, Thymian und Tomatenwürfel untermischen und das Gemüse abschmecken.

6. Das Rinderfilet aus der Pochierflüssigkeit nehmen, in Alufolie wickeln und bei 80 °C im vorgeheizten Ofen noch 10 Minuten ruhen lassen.

➔

Zum Garen einen stabilen, langen Kochlöffel durch die Garnschlaufen stecken und den Kochlöffel mit dem daran hängenden Filet auf den Topfrand legen.

7. Inzwischen für die Sauce die Schalotte schälen und fein würfeln. Das Olivenöl in einem kleinen Tofp auf knapp 50 °C erwärmen. Die Oliven entsteinen und fein hacken. In einer Kasserolle Essig, Sherry und 40 ml Wasser mit dem Pfeffer auf etwa 1 EL reduzieren. 50 ml Rinderbrühe dazugeben und alles durch ein Sieb gießen.

8. Die Knoblauchzehe schälen und halbieren. Ein Wasserbad (mit 80 °C) vorbereiten. Eine darauf passende Metallschüssel mit Knoblauch ausreiben und auf das Wasserbad setzen. Die Reduktion in die Schüssel gießen.

9. Die Eigelbe mit einem Schneebesen so lange unter die Reduktion auf dem Wasserbad schlagen, bis eine cremige Sauce entstanden ist.

10. Die Sauce vom Wasserbad nehmen und das erwärmte Olivenöl zuerst tropfenweise, dann in dünnem Strahl unterschlagen. 1 EL Rinderbrühe erwärmen und mit den Oliven unter die Sauce rühren, dann die geschlagene Sahne unterheben und die Sauce mit Zitronensaft sowie Salz und Pfeffer abschmecken.

11. Das Röstgemüse abtropfen lassen und auf einer vorgewärmten Platte verteilen. Das Filet in dünne Scheiben schneiden. Die Scheiben auf dem Gemüse anrichten und nach Belieben alles mit Thymian garnieren. Die Sauce Divine separat dazu reichen.

Gemüse nach Saison

Im Sommer bietet sich eine Gemüsevariante mit Artischocken an: Ersetzen Sie dafür 4 Kartoffeln durch 2 geputzte Artischockenböden. Diese sofort mit Zitrone abreiben, damit sie sich nicht verfärben, dann in 5 mm große Würfel schneiden und mit den Kartoffelwürfeln zusammen anbraten.

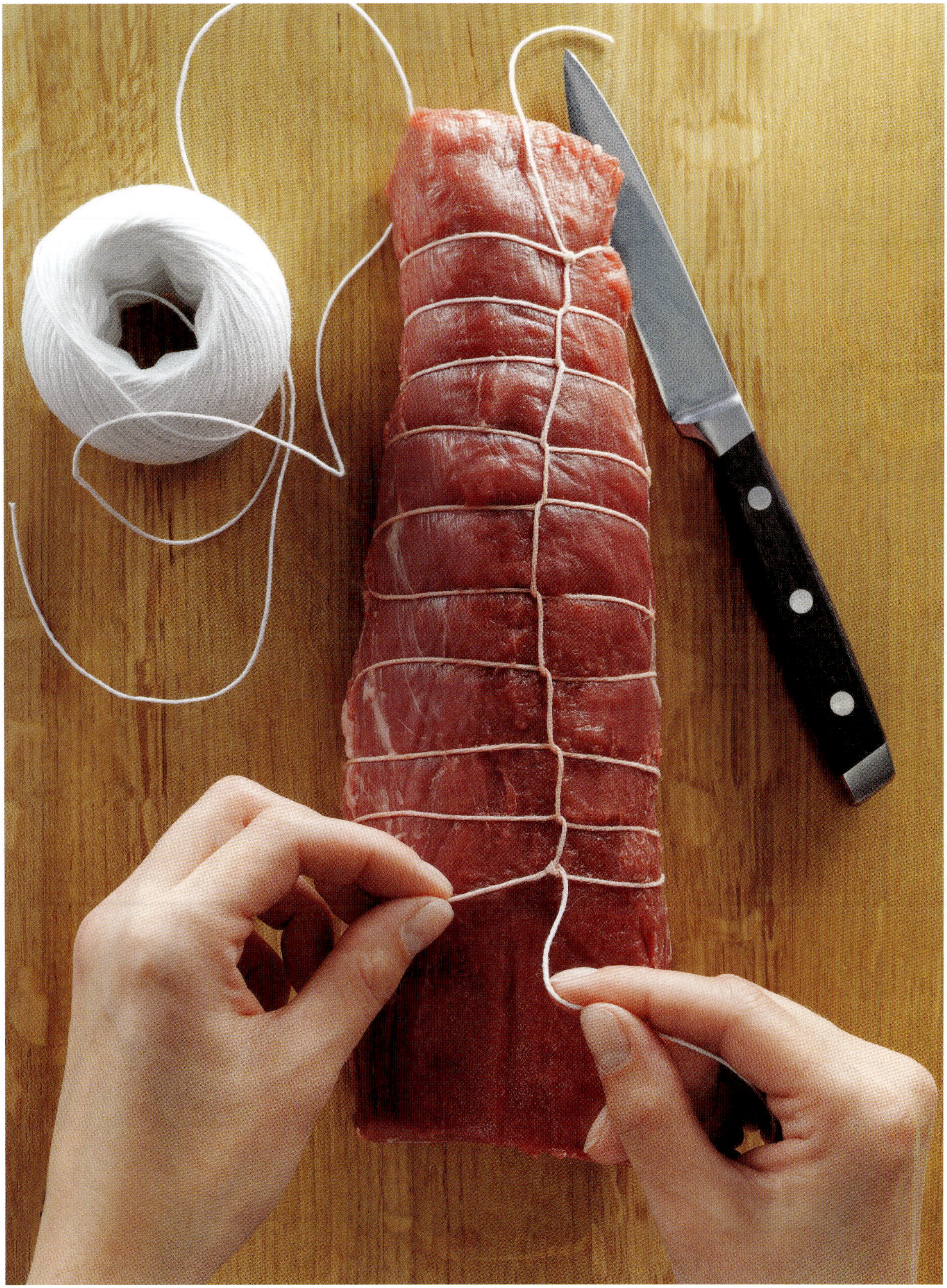

Für den Tafelspitz

1 kg Rindermarkknochen (Mark herausgelöst und gewässert)

1 ½ kg Tafelspitz

Salz

½ ungeschälte Gemüsezwiebel

1 Bouquet garni (aus Möhre, Sellerie und Lauch)

Schnittlauch

frischer Meerrettich

Für die Roten Beten

3 Rote Beten

300 g grobes Meersalz

1 Schalotte

20 ml Rotweinessig

Salz, Zucker

1 TL Schnittlauchröllchen

Für die Bratkartoffeln

500 g festkochende Kartoffeln

Salz, Kümmel

1 kleine rote Zwiebel

3 Stängel Petersilie

1 EL Schweineschmalz

frisch gemahlener Pfeffer

Für die Salatherzen

½ EL Butter

1 TL fein gewürfelter durchwachsener Speck

2 EL fein gewürfeltes Röstgemüse (Möhre, Lauch, Staudensellerie, Schalotte)

6 Kopfsalatherzen

Salz

Außerdem

100 g saure Sahne

Saft von ½ Zitrone

Salz

frisch gemahlener Pfeffer

Schnittlauch

1 EL gehackte Petersilie

2 EL grobes Meersalz

Niveau ★★★

Fertig in 3:15 Std.

TAFELSPITZ

MIT VERSCHIEDENEN BEILAGEN

1. Die Rindermarkknochen (ohne Mark) abspülen und mit dem Tafelspitz in einen großen Topf mit sprudelnd kochendem Wasser geben. 3 bis 4 Minuten darin kochen lassen, dann Knochen und Fleisch in ein Sieb abgießen und kalt abschrecken.

2. Die Knochen wieder in den Topf geben, mit kaltem Wasser bedecken; aufkochen lassen und leicht salzen. Den Tafelspitz hinzufügen und bei schwacher Hitze insgesamt 2 ½ Stunden garen, dabei ständig abschäumen.

3. Die halbe Zwiebel auf der Schnittfläche rösten und nach 1½ Stunden mit dem Bouquet garni zu Fleisch und Knochen in den Topf geben. Alles noch etwa 1 Stunde weitergaren, bis der Tafelspitz ganz weich ist.

4. Inzwischen den Backofen auf 180 °C vorheizen. Die Roten Beten waschen und trocken reiben. Den Boden einer ofenfesten Form mit dem Salz bedecken, die ungeschälten Roten Beten daraufsetzen und im Ofen in etwa 1 Stunde weich backen (siehe Abb. Seite 83).

5. Für die Bratkartoffeln die Kartoffeln unter Wasser gründlich abbürsten und in Wasser mit Salz und Kümmel garen. Abgießen, etwas abkühlen lassen, dann pellen und in Scheiben schneiden. Die Zwiebel schälen und in feine Ringe schneiden. Die Petersilie waschen und trocken schütteln, die Blättchen abzupfen und fein hacken.

6. Für die Salatherzen die Butter in einer ofenfesten Pfanne zerlassen. Speck- und Gemüsewürfel darin anbraten. Die Salatherzen längs halbieren, auf das Gemüse setzen und leicht salzen. 100 ml Brühe vom Tafelspitz abmessen, angießen und die Salatherzen bei 160 °C im heißen Ofen 20 bis 25 Minuten schmoren, dabei ständig mit der Brühe übergießen.

➔

Wird Meerrettich frisch gerieben oder geraspelt, kommt sein würziges, angenehm beißendes Aroma am besten zur Geltung.

7. Die Roten Beten aus dem Ofen nehmen. (Vorher prüfen, ob sie gar sind: Dafür mit einem Metallspieß oder einer Messerspitze hineinstechen.) Die Beten etwas abkühlen lassen, dann schälen und in Spalten schneiden.

8. Die Schalotte schälen und fein würfeln. 50 ml Brühe vom Tafelspitz abmessen. Mit Essig, Salz, Zucker, Schnittlauch und Schalotte zu einer Vinaigrette verrühren und die noch warmen Roten Beten damit vermischen.

9. Zum Braten der Kartoffeln das Schmalz erhitzen und die Kartoffelscheiben darin bei mittlerer Hitze goldgelb braten; salzen und pfeffern. Die Zwiebelringe, 1 Msp. Kümmel und die gehackte Petersilie untermischen.

10. Die saure Sahne mit Zitronensaft, Salz, Pfeffer und Schnittlauch abschmecken. Das Fleisch aus der Brühe nehmen und in Eiswasser abschrecken. Die Brühe durch ein Sieb gießen, salzen und mit Petersilie würzen. Das Fleisch quer zur Faser dünn aufschneiden und auf Tellern anrichten. Die Fleischscheiben mit etwas Brühe begießen, mit Schnittlauch und frisch gehobeltem oder geriebenem Meerrettich bestreuen.

11. Das Rindermark in 1 cm dicke Scheiben schneiden und in der heißen Brühe kurz ziehen lassen. Auf dem Tafelspitz anrichten und mit grobem Meersalz würzen. Bratkartoffeln, Rote Bete, Kopfsalatherzen und saure Sahne separat zum Fleisch reichen.

Für das Fleisch

2 Stück Kalbsfilet (Mittelstücke; je etwa 250 g)

Salz

frisch gemahlener Pfeffer

50 ml Erdnussöl

Für die Heu-Mischung

60 g Heublumen (Apotheke, Drogerie)

1 TL Kümmel

1 TL gerebelter getrockneter Thymian

2 EL getrocknete Salbeiblätter

1 Handvoll Heu von einer Alp- oder Magerwiese

Niveau

★★

Fertig in

1:20 Std.

KALBSFILET

IN HEU GEDÄMPFT

1. Die beiden Kalbsfiletstücke mit Salz und Pfeffer würzen. In einer Pfanne das Erdnussöl erhitzen und die Filetstücke darin rundherum goldbraun anbraten. Aus der Pfanne nehmen.

2. Für die Heu-Kräuter-Mischung alle Zutaten in einem Suppenteller vermischen. Die angebratenen Filets darauflegen und in das Heu packen. Anschließend das Ganze mit einem zweiten Suppenteller bedecken und das Fleisch etwa 1 Stunde in der Heu-Kräuter-Mischung ziehen lassen.

3. Den Backofen auf 220 °C vorheizen. 15 Minuten vor dem Servieren heißes Wasser in einen flachen Topf mit Siebeinsatz bis zur Siebunterkante füllen. Das Wasser kurz aufkochen lassen, den Einsatz hineinsetzen und die beiden Suppenteller mit den Filets daraufstellen. Den Topfdeckel auflegen und die Kalbsfilets im heißen Backofen 12 bis 14 Minuten dämpfen.

4. Den Topf aus dem Ofen nehmen, die Filets herausheben und das Heu entfernen. Die beiden Filetstücke in dünne Scheiben schneiden und sofort servieren. Dazu schmeckt Leipziger Allerlei oder Gemüse der Saison.

Raffiniert: Im Glas garen

Vier Einmachgläser (je 1 l Inhalt) zur Hälfte mit dem Heu füllen. Die rohen Filetstücke in 4 Portionen schneiden, anbraten und auf das Heu setzen. Mit Heu bedecken und die Gläser (mit Gummiringen, Deckeln und Klammern) verschließen. 15 Minuten vor dem Servieren die Gläser in einen mit einem Tuch ausgelegten großen, weiten Topf stellen und diesen zu einem Viertel mit heißem Wasser füllen. Das Wasser im geschlossenen Topf 12 bis 14 Minuten leicht köcheln lassen, bis das Kalbfleisch gar ist. Als Beilage zu dem auf Heu gegarten Kalbfleisch passen beispielsweise Nudeln mit Sahne-Pilz-Sauce.

Für die Medaillons

8 Rinderhüftsteaks (je 80 g)

4 Zweige Thymian

1 Stück Lauch (etwa 60 g)

1 kleine Petersilienwurzel

2 Stängel Selleriegrün

2 frische Lorbeerblätter

Zesten von 1 unbehandelten Orange

200 ml Rotwein

frisch gemahlener Pfeffer

grobes Meersalz

Für die Pfeffersauce

1 Schalotte

2 Champignons

20 g Butter

20 g Zucker

1 EL weiße Pfefferkörner, zerdrückt

1 TL eingelegte grüne Pfefferkörner

1 EL Champagner- oder Weißweinessig

30 ml Weißwein

200 ml Geflügelfond

50 ml Kalbsjus

100 g Sahne

Salz

frisch gemahlener Pfeffer

1–2 TL Limettensaft

2 EL steif geschlagene Sahne

Niveau
★★

Fertig in
0:50 Std.

RINDERMEDAILLONS

MIT PFEFFERSAUCE

1. Das Fleisch trocken tupfen und beiseitestellen. Die Blättchen vom Thymian abzupfen und die Zweige in einen großen Topf geben. Den Lauch putzen, waschen und in Ringe schneiden. Die Petersilienwurzel schälen und klein würfeln. Das Selleriegrün hacken. Die Lorbeerblätter mehrfach einschneiden.

2. Die vorbereiteten Zutaten (bis auf das Fleisch) mit der Orangenschale, dem Rotwein und 2 l kaltem Wasser in den Topf zu den Thymianzweigen geben. Alles zugedeckt aufkochen und 10 Minuten köcheln lassen.

3. Inzwischen für die Sauce die Schalotte schälen, die Pilze putzen und beides fein würfeln. In einer Pfanne den Zucker in der Butter hellbraun karamellisieren lassen. Die weißen und grünen Pfefferkörner hinzufügen und kurz im Karamell wenden. Anschließend alles mit dem Essig ablöschen und reduzieren. Schalotten- und Champignonwürfel hinzufügen, den Weißwein dazugießen und die Flüssigkeit einkochen lassen.

4. Den Geflügelfond angießen und die Flüssigkeit erneut auf 3 bis 4 EL sirupartig einkochen lassen. Den Kalbsjus unterrühren und alles noch einmal stark reduzieren. Zum Schluss die Sahne dazugießen. Die Sauce kurz aufkochen lassen und durch ein feines Sieb gießen. Mit Salz, Pfeffer und Limettensaft abschmecken und warm halten.

5. Die Steaks mit Pfeffer bestreuen und in einen passenden Siebeinsatz legen. Mit den Thymianblättchen bestreuen und die Medaillons zugedeckt über dem Rotweinsud 3 Minuten dämpfen, bis das Fleisch rötlich schimmert, dann aus dem Dampf nehmen.

6. Die steif geschlagene Sahne unter die Sauce ziehen. Die Medaillons mit etwas Meersalz bestreuen und mit der Pfeffersauce auf vorgewärmten Tellern anrichten. Dazu schmeckt bissfest gedünsteter und in ein wenig Butter geschwenkter Lauch.

Kochfleisch (z. B. Tafelspitz) legt man in sprudelnd kochende Flüssigkeit, damit es nicht auslaugt. Anschließend gart es unter dem Siedepunkt, bis es weich ist.

GAREN IN BRÜHE, WASSER ODER DAMPF

FEUCHTE HITZE BEKOMMT VOR ALLEM JENEN FLEISCHSTÜCKEN GUT, DIE EINEN HOHEN ANTEIL AN BINDEGEWEBE HABEN UND IN DER STRUKTUR ETWAS GROBFASERIGER SIND. DAZU GEHÖREN BEISPIELSWEISE TEILE DES VORDERVIERTELS VOM RIND WIE SCHULTER, SPANN- UND QUERRIPPE ODER BRUST.

Bekömmlich und schmackhaft sind Tafelspitz, Beinfleisch und gekochte Ochsenbrust, die vorzugsweise mit frisch geriebenem Meerrettich, Gemüse und Salz- oder Petersilienkartoffeln serviert werden. Weil bei der Zubereitung dieser Spezialitäten null Fett zugegeben wird – das Fleisch gart nur in Fond, Brühe oder Wasser und es bilden sich weder Röststoffe und -aromen noch eine Kruste – bleibt der pure Fleischgeschmack unverfälscht erhalten. Daher eignet sich das Garen in feuchter Hitze in erster Linie für Fleisch mit viel Aroma, wie das von Lamm oder Rind.

Fleisch kochen

Oft assoziiert man bei Tafelspitz »gekochtes« Fleisch und auch auf Speisekarten taucht es regelmäßig als »Koch-« oder »Siedfleisch« auf. Doch gemeint ist hier »Pochieren«. Demgegenüber wird z. B. für Suppen Fleisch tatsächlich gekocht. Beim Pochieren gart es gleich zu Beginn des Garvorgangs nur ganz kurz in viel sprudelnder Flüssigkeit, damit das Eiweiß gerinnt, sich die Fleischporen rasch schließen und weniger Fleischsaft austritt. Das Fleisch legt man dazu in einen hohen Topf mit viel sprudelnd kochender Flüssigkeit

Die Querrippe vom Rind ist ein klassisches Kochfleischstück. Vor allem der marmorierte Mittelteil wird durch Kochen schön zart.

– die Temperatur beträgt dabei etwa 100 °C. Um Energie zu sparen, ist es ratsam, den Topf währenddessen mit einem Deckel zu verschließen, weil das Kochen von Flüssigkeit ohne Deckel dreimal so viel Energie als mit Deckel verbraucht. Bei halb aufgelegtem Deckel beträgt der Energieverlust noch 50 Prozent.

Fleisch pochieren

Beim Pochieren oder Garziehen, wie diese Zubereitungsart auch genannt wird, handelt es sich um ein langsames Garen in viel Flüssigkeit bei einer Temperatur unterhalb des Siedepunkts. Diese liegt in der Regel in einem Bereich zwischen 80 und 95 °C. Während der untere Wert für Lebensmittel mit zarter Struktur gilt, wie beispielsweise Fisch oder Eier, darf die Hitze beim Garziehen von Fleisch ruhig etwas höher sein. Wasser, Fond oder Brühe sollten jedoch keinesfalls sprudelnd kochen. Gerade für bindegewebsreiches Fleisch, wie es die Teilstücke der Schulter sind, ist langsames Pochieren ideal, denn so kann festes Bindegewebe ausreichend Flüssigkeit aufnehmen und quellen. Dadurch wird es weich und das Fleisch insgesamt zarter. Allerdings geht beim Pochieren ebenso wie beim Kochen ein großer Teil an Vitaminen und Mineralstoffen in die Flüssigkeit über. Ideal sind diese beiden Garmethoden deshalb für Gerichte, bei denen die Kochflüssigkeit mitverzehrt wird.

Fleisch dämpfen

Anders ist das dagegen beim Dämpfen, hier kommt das Fleisch während des Garens mit dem Kochwasser gar nicht erst in Berührung, der Nährstoffverlust bleibt gering. Geeignet ist dieses sanfte Garverfahren allerdings nur für zartfaserige Fleischstücke ohne Bindegewebe, wie etwa das Filet – zähes Bindegewebe würde im Dampf nicht weich werden. Im Gegensatz zum Kochen und Pochieren genügt beim Dämpfen bereits wenig Flüssigkeit; in der Regel wird das Wasser nur 1 bis 2 cm hoch in den Topf gefüllt. Nach dem Ankochen auf höchster Stufe kann die Temperatur dann reduziert werden, während das Fleisch im Wasserdampf-Luft-Gemisch bei Temperaturen um 100 °C gart. Der Topf sollte dabei immer fest geschlossen sein, damit kein Dampf entweichen kann. Ein spezieller Dämpftopf mit gut schließendem Deckel und passendem Siebeinsatz sind hierbei von Nutzen.

Ein guter Ersatz

Wenn Sie keinen passenden Siebeinsatz zum Dämpfen haben, können Sie auch einen umgedrehten Suppenteller in den Topf legen, ein Stück mit einer Gabel perforiertes Pergament- oder Backpapier darauflegen und darauf das Gargut platzieren.

Für die Sauce

300 g Lammknochen, klein gehackt

2 EL Olivenöl

100 g klein gewürfeltes Gemüse (Möhre, Sellerie, Lauch und Zwiebel)

2 Knoblauchzehen, angedrückt

5 vollreife Tomaten, das Fruchtfleisch gewürfelt

1 TL Fenchelsamen

½ EL Tomatenmark

200 ml Weißwein

Salz

frisch gemahlener Pfeffer

Für die Gemüseeinlage

2 Navetten, 1 Möhre

1 Stange Staudensellerie

1 mehligkochende Kartoffel

1 Zucchini

Salz

2 Tomaten

4 schwarze Oliven, entsteint und fein gehackt

1 getrocknete Tomate, fein gehackt

Für das Filet

600 g Lammrückenfilet (Lammlachs)

Salz

frisch gemahlener Pfeffer

2 EL Olivenöl

je 1 Zweig Rosmarin und Thymian

2 Basilikumblätter, in dünne Streifen geschnitten

Niveau
★★

Fertig in
3:00 Std.

LAMMRÜCKENFILET

MIT TOMATEN-WEISSWEIN-SAUCE

1. Für die Sauce einen Fond herstellen. Dafür die Knochen in 1 ½ EL Olivenöl anrösten. Gewürfeltes Gemüse, Knoblauch, Tomaten und Fenchelsamen hinzufügen und kurz mit anbraten. Das Tomatenmark einrühren, alles mit dem Weißwein ablöschen und diesen reduzieren.

2. Die Fondzutaten im Topf mit kaltem Wasser bedecken und 2 Stunden köcheln lassen; zwischendurch immer wieder abschäumen und etwas Wasser dazugießen. Anschließend den Fond durch ein feines Sieb gießen und reduzieren. Die entstandene Sauce mit dem restlichen Olivenöl sowie Salz und Pfeffer würzen.

3. Für die Gemüseeinlage Navetten, Möhre, Sellerie, Kartoffel und Zucchini putzen, waschen und klein würfeln. Nacheinander in Salzwasser bissfest garen, dann abgießen und kalt abschrecken. Die Tomaten häuten, entkernen und in Würfel schneiden. Die gegarten Gemüsewürfel noch etwa 10 Minuten in der Sauce ziehen lassen, dabei die Tomatenwürfel, die Oliven und die getrocknete Tomate dazugeben.

4. Das Lammrückenfilet mit Salz und Pfeffer würzen und rundherum im Olivenöl anbraten. Herausnehmen und mit Küchenpapier trocken tupfen. Nun das Fleisch mit den Kräutern vakuumieren und im 70 bis 80 °C heißen Wasser etwa 10 Minuten pochieren. (Wenn Sie kein Vakuumiergerät besitzen, können Sie das Filet mit den Kräutern auch in Kalbsfond gar ziehen lassen.) Aus der Folie nehmen und das Fleisch 10 Minuten ruhen lassen.

5. Das Lammrückenfilet tranchieren. Die Fleischscheiben mit Gemüse und Sauce auf Tellern anrichten. Nach Belieben mit Kräutern garnieren und servieren.

Für das Kasseler

1 kg Kasseler
1 l Geflügelfond
je 200 g Möhren und Knollensellerie
1 Stange Lauch
2 Zwiebeln
2 Lorbeerblätter
2 Gewürznelken
5 Wacholderbeeren
10 Pfefferkörner
1 TL Senfkörner

Für den Salat

500 g vorwiegend festkochende Kartoffeln
Salz
1 EL Kümmel
frisch gemahlener Pfeffer
1 Prise Zucker
2 TL Dijonsenf
50 ml Weißweinessig
5–6 EL Rapsöl
8 kleine Radieschen
1 kleines Bund Bärlauch

Niveau
★

Fertig in
1:10 Std.

KASSELER
MIT KARTOFFEL-RADIESCHEN-SALAT

1. Das Kasseler mit dem Fond in einem Topf aufkochen lassen. Für den Salat die Kartoffeln gründlich unter Wasser abbürsten und in einem anderen Topf in Wasser mit Salz und Kümmel in 15 bis 20 Minuten weich garen.

2. Inzwischen Möhren und Sellerie schälen. Den Lauch putzen, längs halbieren und waschen. Das Gemüse zu einem Bouqet garni zusammenbinden und zum Fleisch in den Geflügelfond geben.

3. Jede Zwiebel mit 1 Lorbeerblatt und 1 Nelke spicken. Die gespickten Zwiebeln mit Wacholderbeeren, Pfeffer- und Senfkörnern ebenfalls zum Fleisch geben. Das Kasseler zugedeckt bei schwacher Hitze etwa 35 Minuten im Fond köcheln lassen.

4. Die Kartoffeln abgießen, noch warm pellen, in Scheiben schneiden und in eine große Schüssel geben. Von der Kasselerbrühe 200 ml abmessen und aufkochen lassen; mit Salz, Pfeffer und Zucker würzen.

5. Aus Senf, Essig, Öl und der gewürzten Brühe eine Sauce herstellen und über die Kartoffeln gießen. Die Kartoffeln 15 bis 20 Minuten bei Raumtemperatur durchziehen lassen.

6. Währenddessen Radieschen und Bärlauch waschen. Radieschen putzen und in feine Scheiben, Bärlauch in Streifen schneiden. Beides unter den Kartoffelsalat heben und den Salat abschmecken. Er sollte nicht zu trocken sein, bei Bedarf noch etwas Brühe untermischen.

7. Das Kasseler aus der Brühe nehmen und kurz ruhen lassen. Zum Servieren in Scheiben schneiden und mit dem Kartoffel-Radieschen-Salat anrichten.

Für das Eisbein

1 Zwiebel

1 Lorbeerblatt

2 Gewürznelken

2 gepökelte Schinkeneisbeine (je 1 kg)

Salz

Für die Sauce

1 Schalotte

1 EL Butter

1 TL Mehl

100 ml Riesling

200 g Sahne

Salz

1 Spritzer Tabasco

2 EL grober Meaux-Senf

Für das Püree

Salz

Zucker

400 g Erbsen (frisch oder tiefgekühlt)

5 kleine Zweige Minze

20 g Butter

Tabascosauce

Niveau
★★

Fertig in
3:25 Std.

GEPÖKELTES EISBEIN

MIT RIESLINGSAUCE UND ERBSEN-MINZE-PÜREE

1. Die Zwiebel schälen und mit dem Lorbeerblatt und den Gewürznelken spicken. Die Eisbeine mit der gespickten Zwiebel und etwas Salz in einen Topf mit kochendem Wasser geben. Das Fleisch bei schwacher Hitze etwa 2 ½ Stunden köcheln lassen. Anschließend vom Kochfond 400 ml abmessen und durch ein mit einem Tuch ausgelegtes Sieb gießen.

2. Für die Sauce die Schalotte schälen und fein würfeln. In einer Kasserolle die Schalottenwürfel in der Butter glasig dünsten, das Mehl darüberstreuen und kurz anschwitzen. Die Kasserolle vom Herd nehmen. Den Wein und den abgemessenen Kochfond unter Rühren zur Mehlschwitze gießen. Wieder auf den Herd stellen, aufkochen lassen und die Flüssigkeit auf ein Drittel reduzieren.

3. Währenddessen für die Erbsen Wasser mit je 1 TL Salz und Zucker aufkochen lassen und die Erbsen darin in 15 bis 20 Minuten (Tiefkühl-Erbsen nach Packungsangabe) bissfest garen; abgießen, abschrecken und abtropfen lassen. 250 g Erbsen mit etwas Erbsengarsud pürieren und durch ein feines Sieb streichen.

4. Von 1 Minzezweig die Blätter in feine Streifen schneiden. Das Erbsenpüree mit der Butter, den übrigen ganzen Erbsen und der Minze vermischen. Mit Salz, Zucker und etwas Tabasco abschmecken; warm halten. Die Sauce durch ein Sieb gießen. Sahne hinzufügen, Sauce aufkochen und mit Salz, Tabasco und Senf abschmecken.

5. Das Fleisch in Scheiben von den Knochen lösen und in etwas Eisbein-Kochfond erhitzen. Zum Servieren die Fleischscheiben auf dem Püree anrichten, mit etwas Sauce umgießen und alles mit Minze garnieren.

Eisbein mit Sauerkraut

1 gewürfelte Zwiebel und 1 Stück Räucherspeck mit Schwarte in 1 EL Gänseschmalz anbraten. 500 g Sauerkraut, ⅛ l Riesling und 1 Gewürzsäckchen (½ TL Kümmel, ½ Lorbeerblatt, 3 Wacholderbeeren, 2 Gewürznelken, ½ TL Pfefferkörner) zugeben. Die Eisbeine ins Kraut drücken und zugedeckt 2 ½ Stunden im 180 °C heißen Ofen garen. Speck und Gewürze entfernen, mit Salz und Zucker abschmecken.

1. Beim Nasspökeln reibt man das Fleisch (hier ein Schweinerücken) mit einer Mischung aus Salz und Gewürzen ein. 2. Das gewürzte Fleisch in ein Gefäß legen und mit einer Lake aus 1 l Wasser, 80 g Pökelsalz und 1 TL Zucker bedecken.

PÖKELN

KONSERVIERUNG MIT TRADITION

3. Beim Trockenpökeln das Fleisch mit einer Mischung aus 50 g Pökelsalz, ½ TL Zucker, Kräutern und Gewürzen einreiben. 4. Das Fleisch 8 Tage an einem kühlen Platz ziehen lassen, dabei alle 2 bis 3 Tage wenden.

Eine uralte Konservierungsmethode ist das Einlegen in Salz. Dadurch wird der Wassergehalt im Fleisch gesenkt und so die Haltbarkeit erhöht. Beim Pökeln wird Fleisch mit Pökelsalz – meist einer Mischung aus Kochsalz und Nitrit, manchmal auch Salpeter behandelt. Typisch für gepökeltes Fleisch ist, dass es beim Garen seine rote Farbe behält (der Fachmann spricht hier vom »Umröten«) und dabei das geschätzte Pökelaroma entwickelt. Man unterscheidet beim Pökeln zwei Verfahren.

Nasspökeln

Beim Nasspökeln (siehe Abbildungen oben) reibt man das Fleisch mit einer Würzmischung ein, dann wird es mit einer 7 ½- bis 10-prozentigen Pökellake übergossen. Je nach Größe lässt man das Fleisch darin etwa 2 Wochen im Kühlschrank ziehen (pro Tag dringt die Pökellake etwa 1 cm tief in das Fleisch ein). Das Fleisch während des Pökelns alle 3 bis 4 Tage wenden. Nach dem Pökeln aus der Lake nehmen, lauwarm abspülen und 12 Stunden an der Luft oder im Kühlschrank trocknen lassen. Zum Schluss das Fleisch kalt räuchern.

Trockenpökeln

Beim Trockenpökeln (siehe Abbildungen links) das Fleisch mit einem Würzsalz einreiben und ziehen lassen. Hierbei dringt Salz ins Fleisch ein, zugleich tritt Fleischsaft aus. Diesen abgießen, das Fleisch 12 Stunden an der Luft trocknen lassen, dann in kaltem Wasser 12 Stunden wässern. Trocken tupfen und das Fleisch vor dem Heißräuchern erneut 2 Tage an der Luft trocknen.

Für das Spanferkel

600 g Spanferkelrücken (ohne Schwarte und Knochen)

feines Meersalz

½ l Tonkabohnenöl (siehe Tipp)

Für das Kerbelwurzelpüree

2 Schalotten

400 g Kerbelwurzeln (ersatzweise Pastinaken)

2 EL Olivenöl

Meersalz

100 ml Weißwein

200 g Sahne

Niveau

★★

Fertig in

0:45 Std.

SPANFERKELRÜCKEN

IN TONKABOHNENÖL

1. Den Spanferkelrücken von Sehnen und Fett befreien, mit Salz würzen und in einer beschichteten Pfanne rundherum anbraten.

2. In der Zwischenzeit das Tonkabohnenöl auf knapp 70 °C erhitzen und den Spanferkelrücken hineinlegen. Einen Kerntemperaturfühler (Fleischthermometer) in die Mitte des Fleisches stechen und das Fleisch etwa 25 Minuten garen – die Kerntemperatur soll dann 62 °C anzeigen. Dabei soll das Öl nicht heißer als 70 °C werden.

3. Für das Kerbelwurzelpüree die Schalotten und Kerbelwurzeln schälen und fein zerkleinern. Das Olivenöl in einer Kasserolle erhitzen und die Schalotten mit den Kerbelwurzeln darin glasig dünsten. Mit etwas Salz bestreuen, damit die Kerbelwurzeln etwas Wasser ziehen. Den Weißwein dazugießen und einkochen lassen.

4. Die Sahne in die Kasserolle geben und die Kerbelwurzeln bei schwacher Hitze weich dünsten – nicht kochen lassen, da die Kerbelwurzeln sonst ihren frischen leichten Geschmack verlieren würden.

5. Das Kerbelgemüse im Mixer oder mit dem Stabmixer pürieren und das Püree anschließend durch ein feines Sieb streichen. Falls nötig, wenig Wasser hinzufügen, bis die gewünschte Konsistenz erreicht ist. Das Püree nochmals erwärmen und abschmecken.

Tonkabohnenöl herstellen

Die Tonkabohne mit einer Muskatreibe direkt in ½ Liter geschmacksneutrales Öl reiben. Das Öl auf 60 °C erhitzen und etwa 1 Stunde auf dieser Temperatur halten. Abkühlen lassen und vor der Verwendung 1 Tag durchziehen lassen.

Für den Kalbstafelspitz

800 g Kalbstafelspitz
1 Stück Ingwer (3–4 cm)
6 Kaffirlimettenblätter
½ TL schwarze Pfefferkörner
1 l Fleischfond

Für die Vinaigrette

1 Stück Ingwer (4–5 cm)
2 kleine Schalotten
1 Msp. abgeriebene Limettenschale
2 EL Limettensaft
4 EL kalt gepresstes Erdnussöl
Salz
frisch gemahlener Pfeffer

Für den Papayasalat

3 EL Fischsauce
3 EL Zucker
3 EL Limettensaft
2 grüne Chilischoten
½ Knoblauchzehe
1 grüne Gemüsepapaya (800 g)
5 EL gehackte geröstete Erdnüsse
frittierte Schalottenringe zum Garnieren
Korianderblätter zum Bestreuen

Niveau
★★

Fertig in
1:30 Std.

KALBSTAFELSPITZ

AUF PAPAYASALAT

1. Für den Tafelspitz das Fleisch für 1 Minute in kochendes Wasser geben, dann herausheben und kalt abspülen. Den Ingwer schälen und in Scheiben schneiden.

2. Das Fleisch mit den Ingwerscheiben, den Limettenblättern und den Pfefferkörnern in den Fleischfond geben. Den Fond aufkochen und dann bei schwacher Hitze etwa 1 Stunde zugedeckt köcheln lassen. Zwischendurch immer wieder den Schaum abschöpfen, der sich auf der Oberfläche absetzt.

3. Während das Fleisch gart, für die Vinaigrette den Ingwer schälen und sehr fein würfeln. Die Schalotten schälen und sehr fein hacken. Alle Vinaigrettezutaten verrühren; mit Salz und Pfeffer abschmecken.

4. Für den Papayasalat die Fischsauce mit Zucker und Limettensaft verrühren, bis sich der Zucker gelöst hat. Die Chilischoten waschen, längs aufschneiden, entkernen und fein zerkleinern. Den Knoblauch schälen und sehr fein hacken. Die Gemüsepapaya schälen und in breite sehr dünne Streifen hobeln.

5. Die Papayastreifen in einer großen Schüssel mit den gehackten Erdnüssen, den Chili- und Knoblauchstückchen sowie der gewürzten Fischsauce vermischen.

6. Den Tafelspitz aus dem Sud nehmen, kurz ruhen lassen und dann in dünne Scheiben schneiden. Zum Servieren die Fleischscheiben mit dem Papayasalat auf Tellern anrichten, mit der Vinaigrette beträufeln und mit frittierten Schalottenringen und Korianderblättchen garnieren.

Das Filet gilt als das beste Stück vom Kalb. Es ist schlank und spitz zulaufend, schmeckt angenehm mild und wird meist gebraten.

ROSA, MILD UND FEINFASERIG

KALBFLEISCH IST BESONDERS ZART UND HAT EIN DEZENTES, FEINES AROMA. ES ENTHÄLT VIEL EIWEISS UND IM VERGLEICH ZU RINDFLEISCH WENIGER FETT, WESHALB ERNÄHRUNGSEXPERTEN DAS FLEISCH VON KÄLBERN ALS GUT BEKÖMMLICH EMPFEHLEN.

Kalb oder Jungrind?

Auf dem EU-Markt wird unter der Bezeichnung »Kalb« Fleisch mit ganz unterschiedlichen Eigenschaften angeboten, an einer allgemein verbindlichen Definition wird gearbeitet. In Deutschland ist man sich dagegen einig, dass Kalbfleisch von jungen Rindern mit einem festgelegten Schlachtkörper- oder Zweihälftengewicht von bis zu 150 kg stammt, wobei hier bestimmte Körperteile wie Haut, Kopf oder Organe der Brust und Bauchhöhle nicht mitgerechnet werden. In den Richtlinien der »Handelsklassen für Rindfleisch« wird Kalbfleisch als Fleisch der »Kategorie KA« bezeichnet. Schwerere, aber noch nicht ausgewachsene Tiere beiderlei Geschlechts mit einem Lebendgewicht unter 300 kg werden dagegen als Jungrinder bezeichnet. Über einem Lebendgewicht von 300 kg handelt es sich im Fachjargon dann bereits um Rinder.

Unterschiedliche Qualitäten

Farbe und Konsistenz bei Kalbfleisch sind in erster Linie durch Alter und Art der Fütterung bedingt. Bei Tieren, die ausschließlich mit Muttermilch aufgezogen werden und bei der Schlachtung weniger als 150 kg Zweihälftengewicht auf die Waage bringen, spricht man von Milchkäl-

Aus dem Kalbsrücken können einzelne Koteletts, aber auch mehrere am Stück für einen Braten geschnitten werden. Aus der Kalbshaxe stammen Kalbsscheiben (siehe Abb. rechts) wie sie z. B. für Ossobuco benötigt werden.

bern. Ihr Fleisch ist sehr mager, weich und etwas wässrig und wird daher aus kulinarischer Sicht meist weniger geschätzt. Mit zunehmendem Alter wird die Muskulatur dann ausgeprägter. Sehr helles, »weißes« Kalbfleisch erzielt man durch sehr eisenarmes Futter in Verbindung mit einer Haltung der Tiere im Dunkeln sowie einer Einschränkung ihrer Bewegungsfreiheit. In manchen Ländern ist dieses sogenannte weiße Kalbfleisch nach wie vor sehr gefragt, in Deutschland wird diese Art der Kälbermast jedoch nicht mehr praktiziert, da die Kälberverordnung in Deutschland eine Zufütterung von Raufutter vorschreibt – unter anderem aus Tierschutzgründen.
Erhalten Kälber dagegen sehr eisenhaltiges Futter, wie es etwa das Grünfutter auf der Weide darstellt, verfärbt sich ihr Fleisch rot. Aus kulinarischer Sicht am höchsten bewertet wird rosafarbenes Kalbfleisch, das von Tieren stammt, die mit Vollmilch und Raufutter aufgezogen wurden. Geschlachtet werden solche Kälber in der Regel mit einem Lebendgewicht unter 220 kg und in einem Alter von 3 bis 4 Monaten. Kälber dagegen, die mit Milchaustauschern und Kraftfutter gemästet werden, schlachtet man meist noch etwas später, sie kommen im Alter von 5 bis 6 Monaten in den Verkauf.

Kurze Reifung, hoher Genusswert

Das zarte, feinfaserige Kalbfleisch benötigt im Gegensatz zu Rindfleisch eine sehr viel kürzere Reifezeit, bereits 2 bis 3 Tage nach der Schlachtung lässt es sich optimal in der Küche verarbeiten. Sein feiner Geschmack kommt sehr gut beim Braten und Schmoren zur Geltung. Da das Bindegewebe beim Kalb noch weich ist und daher keine langen Garzeiten benötigt werden, sind viele Teile vom Kalb auch ausgezeichnet zum Kurzbraten geeignet. Als Kochfleisch für Brühen oder zum Grillen wird das aufgrund der geringeren Ausbeute im Verhältnis zu Rind doch etwas teurere Kalbfleisch kaum verwendet, dazu ist es zu schade.

800 g Kalbsschulter
2 rote Zwiebeln
2 Möhren
2 Pastinaken oder Petersilienwurzeln
1 Stange Staudensellerie
1 Stück frischer Ingwer (etwa 4 cm)
4 Stängel Dill
2 EL Öl
1 TL Salz
2 TL Zucker

2 ganze Sternanis
2 Lorbeerblätter
2 Kaffirlimettenblätter
1 Zweig Majoran
800 ml Kokosmilch
1 kleiner Granatapfel
2 EL Pinienkerne, geröstet
etwas Dill und Majoran für die Garnitur
3–4 EL Ziegenfrischkäse, nach Belieben

Niveau
★

Fertig in
1:30 Std.

KALBSRAGOUT
MIT PINIEN- UND GRANATAPFELKERNEN

1. Die Kalbsschulter mit Küchenpapier abtupfen und in etwa 2 cm große Würfel schneiden. Die Zwiebeln schälen, halbieren und in feine Streifen schneiden. Die Möhren und die Pastinaken schälen und fein würfeln. Die Selleriestange putzen und in dünne Scheiben schneiden. Den Ingwer schälen und fein würfeln. Den Dill waschen und trocken schütteln. Die Spitzen abzupfen und fein hacken.

2. Das Öl in einem Schmortopf erhitzen und die Fleischwürfel darin kräftig anbraten. Zwiebeln, Möhren und Pastinaken hinzufügen und ebenfalls anbraten. Alles mit Salz und Zucker würzen.

3. Sternanis, Lorbeer- und Limettenblätter, gehackten Ingwer und den Majoran dazugeben und die Fleischmischung noch 2 Minuten unter Wenden braten. Kokosmilch dazugießen und das Fleisch 45 bis 60 Minuten zugedeckt bei schwacher Hitze garen.

4. Inzwischen die Granatapfelkerne auslösen. Dafür mit einem Messer einen Keil aus der Frucht schneiden und beide Hälften mit leichtem Druck auseinanderbrechen, so fallen die roten Kerne heraus. Die anhaftenden weißen Häutchen entfernen, denn sie schmecken bitter.

5. Wenn das Kalbfleisch knapp weich ist, also noch nicht zerfällt, den Staudensellerie und den Dill unter das Ragout mischen und kurz mitköcheln.

6. Das Kalbsragout auf vorgewärmte Teller verteilen und mit gerösteten Pinienkernen, den Granatapfelkernen und den Kräutern bestreuen. Nach Belieben noch Ziegenkäse über das Gericht krümeln, das sorgt für eine besondere Würze. Als Beilage dazu passt Basmatireis.

Für die Kalbsbäckchen

100 ml Weißwein

50 ml Weißweinessig

4 gepökelte Kalbsbäckchen (siehe Kasten)

1 Bouquet garni (aus Möhre, Knollensellerie, Lauch, Petersilie und Thymian)

150 ml Kalbsjus

frisch gemahlener Pfeffer

Zum Räuchern

1–2 EL Buchenräuchermehl (aus dem Anglerbedarf)

5 Wacholderbeeren

½ frisches Lorbeerblatt

je 1 kleiner Zweig Rosmarin und Thymian

Für den Risotto

1 Bund Brunnenkresse

400 ml Geflügelfond oder Gemüsefond

2 Schalotten

60 g Butter

160 g Risottoreis (z. B. Arborio oder Carnaroli)

Salz

200 ml Weißwein

60 g frisch geriebener Parmesan

Niveau ★★

Fertig in 3:00 Std.

KALBSBÄCKCHEN

MIT BRUNNENKRESSE-RISOTTO

1. Für die Kalbsbäckchen in einem Topf 1 ½ bis 2 l Wasser mit dem Wein und dem Essig zum Kochen bringen und das Bouquet garni hinzufügen. Die gut abgetropften gepökelten Kalbsbäckchen in den Sud legen und bei mittlerer Hitze in 35 bis 45 Minuten weich garen.

2. Die weich gegarten Bäckchen aus dem Sud nehmen, mit Küchenpapier trocken tupfen und im Wok räuchern. Dafür den Wok zuerst mit Alufolie auskleiden und dann das Räuchermehl hineinfüllen. Wacholderbeeren, Lorbeerblatt und Kräuterzweige auf dem Räuchermehl verteilen (siehe Abb. Seite 112).

3. Ein rundes Gitter in den Wok setzen und die gepökelten und gekochten Kalbsbäckchen darauflegen. Den Wok mit dem Deckel verschließen und den Herd einschalten.

4. Nach ein paar Minuten den Wok öffnen und einen Blick hineinwerfe (danach sofort wieder schließen). Wenn das Räuchermehl zu glimmen beginnt, den Wok vom Herd nehmen – nach Möglichkeit ins Freie stellen – und die Kalbsbäckchen 10 bis 12 Minuten leicht räuchern, dann herausnehmen.

Kalbsbäckchen pökeln

Für dieses Rezept 4 küchenfertige Kalbsbäckchen (je 200 g) sorgfältig trocken tupfen. Für die Pökellake 2 ½ l Wasser mit 40 g grobem Meersalz, 25 g Pökelsalz, 2 Lorbeerblättern, 1 Knoblauchzehe, 2 TL Pfefferkörnern, ½ TL Wacholderbeeren und je 1 Zweig Rosmarin und Thymian in einen großen Topf geben. Die Pökellake aufkochen und anschließend abkühlen lassen. Die Kalbsbäckchen in die abgekühlte Lake geben und 2 bis 3 Tage darin – je nach Dicke der Bäckchen, pro Tag dringt die Lake 1 cm tief in das Fleisch ein – zugedeckt im Kühlschrank pökeln.

➡

1. Den Wok mit Alufolie auskleiden und das Räuchermehl hineinstreuen. Zum Aromatisieren Gewürze und Kräuter darauf verteilen. 2. Das Wokgitter auf den Wok setzen und die Kalbsbäckchen darauflegen. Den Wok schließen und auf dem Herd erhitzen, bis das Räuchermehl glimmt.

5. Für den Risotto die Brunnenkresse gründlich waschen, trocken schleudern und die Blättchen von den Stielen zupfen. Den Geflügelfond aufkochen und die Brunnenkressestiele hineinlegen. Den Topf vom Herd nehmen und alles zugedeckt etwa 30 Minuten ziehen lassen. Anschließend den Fond durch ein feinmaschiges Sieb gießen und warm halten.

6. Die Schalotten schälen und fein würfeln. In einem Topf 20 g Butter erhitzen und die Schalottenwürfel darin glasig dünsten. Den Risottoreis hinzufügen, leicht salzen und die Körner unter Wenden glasig werden lassen. Den Reis mit dem Weißwein ablöschen und diesen fast vollständig einkochen lassen.

7. Nach und nach den heißen Fond zugießen und den Risotto unter häufigem Rühren garen, bis die Reiskörner im Kern noch bissfest sind. Anschließend die restliche Butter und den Parmesan unterrühren und den Risotto einige Minuten auf der ausgeschalteten Herdplatte bzw. bei schwächster Hitze ziehen lassen.

8. Inzwischen den Kalbsjus in einer Pfanne aufkochen lassen. Die geräucherten Kalbsbäckchen mit Pfeffer übermahlen, in den Jus legen und diesen langsam reduzieren, dabei das Fleisch ständig übergießen (siehe Abb. Seite 113). Die Brunnenkresse unter den Risotto heben.

9. Zum Servieren den Brunnenkresse-Risotto auf vorgewärmte Teller verteilen und die glasierten Kalbsbäckchen darauf anrichten.

Für das Beuscherl

- 1 EL Champagner- oder Weißweinessig
- 200 ml Riesling
- Salz
- 1 Zwiebel
- 1 Lorbeerblatt
- 2 Gewürznelken
- 8 kleine Champignons
- 1 Bouquet garni (aus Möhre, Lauch, Sellerie und Petersilienstängel)
- 400 g gewässertes Kalbsherz, halbiert
- 700 g gewässerte Kalbslunge
- 2 Schalotten
- 30 g Butter
- 20 g Mehl
- 1 TL Kapern
- 1 Sardelle
- 50 g Crème fraîche
- 200 g Sahne
- 50 ml Kalbsjus
- frisch gemahlener Pfeffer
- Cayennepfeffer
- Worcestersauce
- Schale von ½ unbehandelten Zitrone
- 1 kleine Möhre
- 1 kleine Stange Lauch
- 100 g Knollensellerie
- 1 Essiggurke

Für die Semmelknödel

- 4 Brötchen vom Vortag
- ¼ l warme Milch
- 1 weiße Zwiebel
- 30 g durchwachsener Speck
- 30 g Butter
- 2 Eier
- Salz
- frisch gemahlener Pfeffer
- frisch geriebene Muskatnuss
- 4 EL gehackte Petersilie
- Semmelbrösel (nach Bedarf)
- 1 Scheibe Weißbrot vom Vortag

Niveau
★★★

Fertig in
2:00 Std.

KALBSRAHM-BEUSCHERL

MIT KLEINEN SEMMELKNÖDELN

1. In einem Topf 2 l Wasser mit dem Essig und 100 ml Wein zum Kochen bringen; leicht salzen. Die Zwiebel mit Lorbeer und Nelken spicken und 3 Champignons putzen. Gespickte Zwiebel und Pilze mit dem Bouquet garni in den Topf geben. Herz und Lunge hinzufügen, mit einem Teller beschweren, damit die Innereien immer von Flüssigkeit bedeckt sind und alles 1 Stunde köcheln lassen.

2. Die Lunge aus der Garflüssigkeit nehmen und das Herz noch 20 Minuten weitergaren. Beide Innereien in eine Schüssel geben und einen Teller daraufsetzen. Diesen beispielsweise mit einer Konserve beschweren; kalt stellen. Durch das Pressen lassen sich Herz und Lunge später besser schneiden.

3. Inzwischen den Kochfond durch ein Sieb gießen, es sollten etwa 1 ½ l sein. Für die Sauce die Schalotten schälen und fein würfeln. Die restlichen Champignons putzen und ebenfalls würfeln. Die Schalotten mit den Pilzen in der Butter glasig dünsten. Das Mehl darüberstreuen und anschwitzen, dann Kapern und Sardelle hinzufügen.

4. Den restlichen Wein und den Kochfond unter Rühren zur Mehlschwitze gießen und etwa auf ein Drittel einkochen lassen. Nun Crème fraîche und Sahne unterrühren, die Sauce aufkochen lassen und den Kalbsjus dazugießen. Den Topf vom Herd nehmen und die Rahmsauce mit Salz, Pfeffer, Cayennepfeffer, Worcestersauce und Zitronenschale abschmecken; passieren und aufschlagen.

➡

Die gepressten Innereien mit einem scharfen Messer in schmale Streifen schneiden und diese mit dem Gemüse unter die Rahmsauce heben.

5. Während die Innereien garen, für die Knödel die Brötchen in feine Scheiben schneiden, mit der Milch übergießen, abdecken und 10 Minuten ziehen lassen.

6. Die Zwiebel schälen. Speck und Zwiebel fein würfeln und beides in 1 EL Butter glasig dünsten. Die Mischung zu den Brötchen geben und die Eier einarbeiten. Die Masse mit Salz, Pfeffer und Muskat abschmecken und die Hälfte der Petersilie unterrühren. Sollte die Knödelmasse zu weich sein, noch Semmelbrösel unterarbeiten.

7. Aus der Masse mit angefeuchteten Händen etwa 12 kleine Knödel formen und diese in kochendem Salzwasser in 10 Minuten gar ziehen lassen.

8. Die Innereien in 2 bis 3 mm schmale Streifen schneiden (siehe Abb. oben). Das Gemüse putzen, waschen und ebenfalls in feine Streifen schneiden; kurz in kochendes Salzwasser geben, abgießen, sofort in Eiswasser abschrecken und in einem Sieb abtropfen lassen. Die Essiggurke ebenfalls in Streifen schneiden und mit Innereien und Gemüse unter die Rahmsauce mischen.

9. Das Weißbrot im Multizerkleinerer fein hacken. Die restliche Butter aufschäumen und die Brösel darin hell rösten (siehe Abb. Seite 117). Das Beuscherl mit den Knödeln in tiefen Tellern anrichten und die Knödel mit den Butterbröseln und der restlichen Petersilie bestreuen.

Für die Kalbszunge

1 ungepökelte Kalbszunge (etwa 600 g)

1 Lorbeerblatt

1 Bouquet garni

1 kleine Zwiebel

2 Gewürznelken

5 weiße Pfefferkörner

Salz

Für die Marinade

80 ml Sojasauce

½ TL Honig

20 ml Ketjap Manis

100 ml Kalbs- oder Geflügelfond

je 60 ml Erdnuss- und Maiskeimöl

30 ml Reisessig

1–2 TL Fischsauce (Nam Pla)

Salz

frisch gemahlener Pfeffer

brauner Zucker

Niveau

★

Fertig in

1:10 Std.

KALBSZUNGE

IN ASIA-MARINADE

1. Die Kalbszunge kalt abbrausen und in einem Topf mit kaltem Wasser bedecken. Lorbeerblatt, Bouquet garni, Zwiebel, Nelken, Pfefferkörner und etwas Salz hinzufügen. Alles zum Kochen bringen und die Kalbszunge bei schwacher Hitze etwa 50 Minuten köcheln lassen, bis sie gar ist. (Garprobe: Lässt sich die Zungenspitze mit einem spitzen Messer leicht durchstechen, ist die Zunge gar.)

2. Während die Zunge gart, die Marinade herstellen: Dafür die Sojasauce in eine Kasserolle geben und bei schwacher Hitze auf die Hälfte einköcheln lassen, den Honig hinzufügen und darin auflösen. Die Sojasaucen-Honig-Reduktion abkühlen lassen, Ketjap Manis und Kalbsfond dazugeben und alles verrühren.

3. Die beiden Ölsorten in dünnem Strahl und unter ständigem Schlagen mit dem Schneebesen zur Sojasaucenmischung geben. Den Reisessig und die Fischsauce unterrühren und die Marinade mit Salz, Pfeffer und etwas Zucker abschmecken.

4. Die gekochte Zunge aus der Brühe nehmen, eiskalt abschrecken und die Haut abziehen. Anschließend die Zunge in 2 bis 3 mm dicke Scheiben schneiden.

5. Die Zungenscheiben dick mit der Marinade bestreichen und vor dem Servieren mindestens 10 Minuten durchziehen lassen. Die marinierten Zungenscheiben nach Belieben mit Keniabohnen oder Pak Choi anrichten. Die übrige Marinade zum Dippen dazu reichen.

Weniger Salz

Sie können für dieses Rezept auch eine gepökelte Kalbszunge verwenden. Dann sollten Sie allerdings mit dem Salz beim Würzen vorsichtig sein. Für die Beilage können Sie die Bohnen und/oder den Kohl ebenfalls in der Marinade durchziehen lassen. Für zusätzliche Schärfe sorgt eine entkernte und in feine Streifen geschnittene Chilischote.

Kapitel 4

GESCHMORT

Für das Gulasch

1 kg Rinderschulter

1–2 EL edelsüßes Paprikapulver

10 rote Zwiebeln

40 g Schweineschmalz

Salz

frisch gemahlener Pfeffer

2 EL Tomatenmark

30 g Mehl

50 ml Weißweinessig

1 Prise Zucker

Für das Gulaschgewürz

1 Knoblauchzehe

Schale von ½ unbehandelten Zitrone

¼ TL Kümmel

20 g kalte Butter

Für die Tagliatelle

1 Ei

7 Eigelb

Salz

1 EL Olivenöl

50 g getrocknete Apfelringe oder -stückchen

300 g Mehl

50 g Butter

Apfelspalten nach Belieben

Niveau

★★

Fertig in

3:45 Std.

RINDERGULASCH

MIT APFELTAGLIATELLE

1. Das Fleisch mit Küchenpapier trocken tupfen und in 3 x 3 cm große Würfel schneiden. In eine Form geben und mit der Hälfte des Paprikapulvers bestreuen.

2. Den Backofen auf 160 °C vorheizen. Zwiebeln schälen und in feine Streifen schneiden. Das Schmalz in einem Schmortopf erhitzen und die Zwiebeln darin glasig dünsten. Fleisch salzen, pfeffern, portionsweise zu den Zwiebeln geben und bei starker Hitze anbraten.

3. Tomatenmark und übriges Paprikapulver hinzufügen und kurz mitbraten. Alles mit Mehl bestreuen und mit Essig ablöschen. Das Fleisch mit Wasser bedecken und zugedeckt im Ofen 2 bis 2 ½ Stunden schmoren.

4. Für das Gulaschgewürz den Knoblauch schälen, grob hacken und mit der Zitronenschale, dem Kümmel und der Butter zusammen hacken. Das Gewürz mit dem Zucker kurz vor Ende der Garzeit zum Gulasch geben.

5. Während das Gulasch gart, für die Tagliatelle in einer großen Schüssel das Ei, die Eigelbe, ½ TL Salz und das Öl 2 bis 3 Minuten verrühren. Die getrockneten Äpfel im Mixer zu feinem Mehl verarbeiten.

6. Das Mehl und das Apfelmehl zur Eier-Öl-Mischung geben und alles zu einem elastischen Teig verarbeiten, bei Bedarf etwas Wasser hinzufügen. Den Teig zudecken und für etwa 1 Stunde im Kühlschrank ruhen lassen.

7. Den Teig mit Mehl bestreuen und mit der Nudelmaschine zu Tagliatelle verarbeiten. In Salzwasser in etwa 2 Minuten bissfest garen und abgießen. Die Butter in einer großen Pfanne zerlassen, nach Belieben die Apfelspalten darin dünsten und die Nudeln darin schwenken. Das Gulasch mit den Apfelnudeln anrichten.

800 g Rinderschmorfleisch (mit 100 g Gemüsewürfeln in ¾ l Burgunder mariniert; siehe Tipp)

2 EL Öl

Salz

frisch gemahlener Pfeffer

Burgunder (nach Bedarf)

2 Knoblauchzehen

1 Bund gemischte Kräuter (Petersilie, Thymian und Majoran)

1 Gewürzsäckchen (1 Lorbeerblatt, 5 Pfefferkörner, 2 Gewürznelken)

200 g Schalotten

½ TL Puderzucker

30 g Butter

80 g geräucherter durchwachsener Speck, in Streifen geschnitten

200 g Champignons, halbiert

1 TL gehackte Petersilie

Niveau

★★

Fertig in

4:45 Std.

BŒUF BOURGUIGNON

1. Das Fleisch mit dem Gemüse aus der Marinade nehmen und trocken tupfen. 1 EL Öl in einem Schmortopf erhitzen und das Fleisch darin kräftig anbraten. Anschließend salzen und pfeffern, das Gemüse aus der Marinade hinzufügen und 5 Minuten mitbraten.

2. Den Backofen auf 180 °C vorheizen. Das Bratfett ab- und das Fleisch mit Marinade und so viel Wein aufgießen, bis es zu drei Vierteln bedeckt ist.

3. Knoblauch schälen und mit Kräutern und Gewürzsäckchen in den Topf geben. Alles aufkochen lassen und abschäumen. Leicht salzen und das Fleisch zugedeckt im Ofen 2 ½ bis 3 Stunden schmoren, hin und wieder durchrühren und evtl. etwas Wasser hinzufügen.

4. Inzwischen die Schalotten schälen und nebeneinander in eine Kasserolle setzen, mit Puderzucker bestreuen und zur Hälfte mit Wasser bedecken. Das Wasser rasch aufkochen lassen und offen bei schwacher Hitze köcheln lassen, bis es verdampft ist und die Schalotten glasiert sind. 10 g Butter hinzufügen und die Schalotten leicht Farbe annehmen lassen.

5. Speck im übrigen Öl knusprig braten und abtropfen lassen. Restliche Butter aufschäumen und die Champignons darin braten; herausnehmen und abtropfen lassen. Speck und Pilze salzen, pfeffern und mit der Petersilie vermischen.

6. Fleisch mit einer Fleischgabel aus der Sauce nehmen; Gewürzsäckchen und Kräuter entfernen. Nun die Sauce durch ein Spitzsieb in einen Topf gießen, aufkochen lassen, abschmecken und das Fleisch wieder dazugeben. Das Bœuf bourguignon mit Schalotten, Speck und Pilzen auf Tellern anrichten.

Fleisch marinieren

Am Vortag das Fleisch 4 cm groß würfeln. ¾ l Burgunder aufkochen und wieder abkühlen lassen. Das Fleisch mit je 100 g grob gewürfelten Möhren und Zwiebeln im abgekühlten Wein zugedeckt 24 Stunden im Kühlschrank marinieren.

Mittelbug- oder Schaufelstück

Dieser Teil der Schulter ist relativ mager und zum Schmoren und Pochieren bestens geeignet ist.

Falsches Filet

Das zartfaserige, filetähnliche Schulterstück eignet sich zum Schmoren, Braten und für Tatar.

RINDFLEISCH

ZUM SCHMOREN

Vor allem die von Sehnen durchzogenen Teilstücke des Vorderviertels wie Schulter oder Nacken sind bestens zum Schmoren geeignet. Die Hochrippe (auch Zwischenrippenstück genannt) wird häufig mit der Hohen Rippe verwechselt, sie liegt zwischen Schulter und Keule hinter der Hohen Rippe. Je nach Schnittführung kann sie zum Vorder- oder Hinterviertel gehören. Das zartfaserige, marmorierte Fleisch eignet sich allerdings eher zum Braten.

Mageres Schulterfleisch

Für ein Schmorgericht wie Gulasch bieten sich magere Fleischwürfel aus der Schulter an, z. B. aus dem dicken Bugstück (siehe Seite 62) oder vom Falschen Filet.

Rindernacken

Er ist von Sehnen und Fett durchzogen und wird häufig zu Wurst verarbeitet. Doch das preiswerte Teilstück ergibt wunderbar saftige Schmorgerichte.

Hohe Rippe

Sie liegt anatomisch zwischen Fehlrippe und Hochrippe. Aus ihrem bindegewebsreichen Fleisch lassen sich saftige aromatische Schmorbraten zubereiten.

Für die Rinderschulter

2 kg flache Rinderschulter
Salz
frisch gemahlener Pfeffer
50 g Mehl
5 EL Olivenöl
100 g geräucherter Bauchspeck
1 EL Tomatenmark
¼ l Rinderbrühe
20 g Speisestärke, nach Belieben

Für die Marinade

1 Möhre
100 g Knollensellerie
300 g rote Zwiebeln
100 g Lauch
5 Knoblauchzehen
1 l kräftiger säurearmer Rotwein (z. B. Merlot)
6 cl Cognac
2 Zweige Thymian
1 Zweig Rosmarin
2 Lorbeerblätter
1 EL schwarze Pfefferkörner

Niveau
★
Fertig in gut
1 Tag

RINDERSCHULTER

IN ROTWEIN-MARINADE GESCHMORT

1. Das Fleisch trocken tupfen, kräftig plattieren (flach drücken) und in eine Form legen. Für die Marinade die Möhre, den Sellerie und die Zwiebeln schälen und in Stücke schneiden. Den Lauch putzen und in Streifen schneiden. Den Knoblauch schälen und halbieren. Den Wein, das zerkleinerte Gemüse und Knoblauch sowie die übrigen Zutaten für die Marinade zum Fleisch geben. Die Form zudecken und das Fleisch 24 Stunden an einem kühlen Platz marinieren.

2. Am nächsten Tag den Backofen auf 180 °C vorheizen. Das Fleisch aus der Marinade nehmen und trocken tupfen. Die Marinade durch ein Sieb in einen Topf gießen und die festen Bestandteile im Sieb gut abtropfen lassen. Die Marinade kurz aufkochen lassen und abschäumen.

3. Das Fleisch salzen, pfeffern und in Mehl wenden. In einem Schmortopf das Olivenöl erhitzen und die Rinderschulter darin rundherum kräftig anbraten, anschließend aus dem Topf nehmen.

4. Den Speck klein würfeln und mit den abgetropften Marinadezutaten im Bratfett anbraten. Wenn alle Zutaten gebräunt sind, das Tomatenmark dazugebe, kurz mitbraten.

5. Die angebratenen Zutaten im Topf mit ⅛ l Marinade ablöschen und diese einkochen lassen, bis alle Flüssigkeit verdampft ist und die Zutaten wieder zu braten beginnen. Diesen Vorgang nochmals wiederholen, dann mit der übrigen Marinade und der Brühe auffüllen. Das Fleisch in den Topf legen, die Flüssigkeit aufkochen lassen und den Braten im Ofen 2 Stunden schmoren.

6. Nach der Schmorzeit das Fleisch aus dem Topf nehmen und ein paar Minuten ruhen lassen. Den Schmorfond durch ein Sieb gießen. Falls nötig, die Speisestärke mit etwas Wasser anrühren und die Sauce damit andicken.

7. Den Braten quer in Scheiben schneiden und mit der Sauce anrichten. Dazu schmecken Kartoffelpüree, Polenta, kleine Rosmarinkartoffeln oder Nudeln.

Für Beizen und viele Marinaden benötigt man eine säurehaltige Flüssigkeit (z. B. Rotwein) und weitere Zutaten wie Zwiebeln, Möhren, Sellerie, Gewürzkörner oder Kräuter.

FLEISCH EINLEGEN

IN WEIN, ESSIG ODER ÖL

Säurehaltige Marinaden oder Beizen können Fleisch einige Tage lang konservieren. Die Säure, meist Essig, Wein oder Zitronensaft, dringt dabei tief ins Fleisch ein, beschleunigt die enzymatische Reifung und macht es schön mürbe. Werden Marinaden vorher gekocht, wie etwa beim Sauerbraten der Fall, trägt dies zu einer noch längeren Haltbarkeit bei. Wichtig ist, dass das Fleischstück vollständig von der Marinade bedeckt ist. Kräuterwürzige, kalt angerührte Marinaden auf Ölbasis dienen hingegen in erster Linie dem Aromatisieren. Dabei genügen bereits ein paar Stunden Marinierzeit, um dem Fleisch den gewünschten Geschmack zu geben – mehr als 24 Stunden sollten es jedoch nicht sein.

Mediterrane Marinade

100 g in dünne Ringe geschnittene Schalotten und 4 halbierte Knoblauchzehen in einer flachen Form mit grob gemahlenem Pfeffer, Zesten von 1 unbehandelten Zitrone, 3 EL Kräuterblättchen (Oregano, Rosmarin, Thymian und Salbei) sowie 100 ml Olivenöl und etwas grobem Salz vermischen. Das Fleisch (z. B. Rindersteaks) in der Marinade wenden, damit bedecken und zugedeckt über Nacht im Kühlschrank durchziehen lassen. Am nächsten Tag herausnehmen und braten oder grillen.

Asiatische Marinade

1 Stängel Zitronengras, 1 entkernte Chilischote und 3 Frühlingszwiebeln in feine Ringe schneiden. Diese Zutaten in einer flachen Form mit 3 in Scheiben geschnittenen Knoblauchzehen, 5 g fein gewürfeltem Ingwer, 3 Kaffirlimettenblättern, den Zesten von 1 unbehandelten Limette und 100 ml Erdnussöl sowie 4 EL Sojasauce vermischen.
Steaks in der Marinade wenden, damit bedecken und zugedeckt 3 bis 4 Stunden im Kühlschrank durchziehen lassen (siehe Abb. 2). Herausnehmen, salzen und das Fleisch braten oder grillen.

Rotweinbeize

100 g Zwiebeln, 1 kleine Möhre, 60 g Knollensellerie, 1 kleine Petersilienwurzel und 1 Stange Staudensellerie schälen oder putzen und klein schneiden, dann weiterverfahren wie in den Abb. 3 und 4 beschrieben.
Nach der Marinierzeit das Fleisch aus der Beize nehmen, trocken tupfen, salzen und pfeffern und nach dem jeweiligen Rezept im geschlossenen Topf schmoren.

2

Die Asiatische Marinade verleiht Steaks und Koteletts bzw. Fleischstücken, die sich zum Kurzbraten eignen, eine feine Note aus Zitronengras, Ingwer und Chili. Es reicht schon, wenn das Fleisch nur ein paar Stunden (mindestens 1 Stunde) in der Marinade durchziehen kann.

3

4

3. Das Fleisch (z. B. eine Schwanzrolle) zum Beizen in einen Schmortopf legen. Das zerkleinerte Gemüse auf dem Fleisch verteilen und den Knoblauch, das Lorbeerblatt, die Pfefferkörner und die Kräuter hinzufügen. 4. Den Rotwein über das Fleisch gießen und den Topf verschließen. Das Bratenstück 2 bis 3 Tage im Kühlschrank durchziehen lassen.

150 g Schalotten
2 Knoblauchzehen
1 Möhre
150 g Knollensellerie
2 TL Wacholderbeeren
1 TL schwarze Pfefferkörner
2 Gewürznelken
½ Zimtstange
2 Zweige Rosmarin
3 Zweige Thymian
1 Lorbeerblatt

abgeriebene Schale von je ¼ unbehandelten Orange und Zitrone
1 l Rotwein
1 ½ kg Kalbsbäckchen
Salz
frisch gemahlener Pfeffer
2 EL Öl

Niveau
★★

Fertig in gut
3 Tagen

KALBSBÄCKCHEN
IN GEWÜRZSAUCE

1. Zwei Tage vor der Zubereitung die Kalbsbäckchen marinieren. Für die Marinade Schalotten und Knoblauch schälen und klein würfeln. Möhre und Selleriestück ebenfalls schälen und in kleine Würfel schneiden. Wacholderbeeren und Pfefferkörner im Mörser zerstoßen.

2. Gemüsewürfelchen, Gewürze, Kräuter, abgeriebenene Zitrusschalen und Rotwein in eine Form geben und mischen. Die Kalbsbäckchen in die Marinade legen, die Form zudecken und die Bäckchen 48 Stunden durchziehen lassen; zwischendurch mehrmals wenden.

3. Nach der Marinierzeit die Kalbsbäckchen und das Gemüse aus der Marinade nehmen und gut abtropfen lassen. Anhaftende Kräuter und Gewürze vom Fleisch in die Marinade streifen; das Fleisch salzen und pfeffern.

4. Für die Sauce in einem Schmortopf das Öl erhitzen. Abgetropfte Gemüsewürfel hinzufügen und kurz anbraten. Kalbsbäckchen dazugeben und unter Wenden mitbraten. Nun alles mit ein wenig Rotweinmarinade ablöschen. Die Flüssigkeit etwas reduzieren, die restliche Marinade mit den Gewürzen und Kräutern dazugießen.

5. Die Kalbsbäckchen bei schwacher Hitze in der Sauce in etwa 1 Stunde 30 Minuten weich schmoren, dabei regelmäßig wenden. Das Fleisch aus dem Topf nehmen und die Sauce durch ein feines Sieb in eine Kasserolle passieren. Auf etwa 300 ml einkochen und dann abkühlen lassen. Die Kalbsbäckchen in die Sauce legen und 12 Stunden im Kühlschrank durchziehen lassen.

6. Vor dem Servieren das Fleisch langsam in der Gewürzsauce erwärmen und die Kalbsbäckchen mit der Sauce auf vorgewärmten Tellern anrichten. Als Beilagen passen Rotkohl und Kartoffelpüree.

Planen und bestellen

Da Kalbsbäckchen nicht immer spontan beim Fleischer erhältlich sind, empfiehlt es sich, diese rechtzeitig vorzubestellen. Falls Sie keine bekommen können, nehmen Sie ersatzweise Kalbswade.

Für eine Rotweinreduktion in einer Kasserolle 100 ml jungen Rotwein mit 50 ml rotem Portwein, 1 Lorbeerblatt, 1 Zweig Rosmarin und 5 Wacholderbeeren aufkochen lassen.

FLÜSSIGKEITEN

REDUZIEREN

2. Die Flüssigkeit bei starker Hitze einkochen; es verdampft Wasser, und der Flüssigkeitsspiegel sinkt ab. Den Topfrand immer wieder säubern. 3. Die fertige Reduktion soll sirupartig sein.

Durch das Einkochen einer Flüssigkeit im offenen Topf wird der Geschmack verstärkt, zugleich aber auch ihre Konsistenz verändert: Das Wasser verdampft, zurück bleiben Aromastoffe, die sich mit fortschreitender Garzeit immer weiter verdichten. Die Reduktion wird zunehmend dickflüssig und sämig.

Was bringt das Einkochen von Flüssigkeiten?

Reduziert werden einerseits Saucen, die dabei eine leichte Bindung erhalten. Andererseits sind aromatische Reduktionen auf Wein-, Fond- oder Essigbasis oft erst die geschmackliche Voraussetzung für den Aufbau der eigentlichen Sauce. So benötigt man etwa für die Herstellung einer Hollandaise, Béarnaise oder auch einer Beurre blanc zunächst eine aromatische Reduktion. Diese wird im offenen Topf, meist einer Kasserolle oder Sauteuse, unter starker Hitzezufuhr hergestellt. Es können dabei ganz nach Belieben noch weitere geschmacksgebende Zutaten hinzukommen. Gewürzt und abgeschmeckt wird die Sauce jedoch grundsätzlich erst, wenn die gewünschte Konsistenz erreicht ist.

Die in den Abbildungen gezeigte Rotweinreduktion kann zum Aufbau einer Sauce zu kurz gebratenem Fleisch verwendet werden. Nach Belieben kann man sie statt mit Lorbeer und Wacholder auch mit 1 Zweig Thymian, 1 fein gewürfelten Schalotte und 3 bis 4 gewürfelten kleinen Champignons aromatisieren.

800 g Schweinefleisch (aus der Keule)
2 rote Zwiebeln
10 g frischer Ingwer
2 EL Öl
2 EL Tandooripulver
1 TL Currypulver
1 TL gemahlener Kreuzkümmel
Salz, Zucker
1 gehäufter EL Tomatenmark
300 g Sauerkraut
300 ml Ananassaft
200 ml Weißwein
½ Ananas
2 EL fein geschnittenes Basilikum
300 g saure Sahne oder Crème fraîche
2 EL Sesamsamen

Niveau
★

Fertig in
1:15 Std.

SZEGEDINER
CURRY-GULASCH

1. Das Fleisch sehr gut trocken tupfen und in 2 cm große Würfel schneiden. Die Zwiebeln schälen und würfeln. Den Ingwer schälen und fein würfeln oder reiben.

2. Das Öl in einem Schmortopf erhitzen und das Fleisch darin anbraten. Die Zwiebeln dazugeben und mitbraten, bis sie gebräunt sind. Fleisch und Zwiebeln mit Tandooripulver, Curry, Kreuzkümmel, Ingwer und je 1 TL Salz und Zucker würzen. Das Tomatenmark hinzufügen und alles unter Rühren noch 2 Minuten braten.

3. Das Kraut gut ausdrücken und in den Topf geben. Saft und Wein dazugießen und das Gulasch offen 40 Minuten bei schwacher Hitze köcheln lassen.

4. Inzwischen die halbe Ananas schälen, dabei die Augen entfernen und den Strunk herausschneiden. Das Fruchtfleisch in kleine Stücke schneiden. 5 Minuten vor Ende der Garzeit die Ananaswürfel unter das Gulasch mischen und das Gericht mit dem Basilikum bestreuen.

5. Saure Sahne oder Crème fraîche mit Sesam, Salz und Zucker abschmecken. Das Gulasch anrichten und mit einem Löffel gewürzter saurer Sahne bzw. Crème fraîche garnieren.. Dazu passen Süßkartoffelpuffer.

Das Original

Für die ungarische Version des Szegediner Gulaschs 800 g Gulaschfleisch in Schweineschmalz anbraten, dabei 2 gewürfelte Zwiebeln und 1 gehäuften EL edelsüßes Paprikapulver hinzufügen. Alles mit etwa 150 ml Rinder- oder Geflügelfond aufgießen und das Fleisch 30 Minuten zugedeckt schmoren lassen. Dann 400 g Sauerkraut und 1 TL Kümmel untermischen und das Gulasch weitere 10 Minuten garen. Zum Schluss 150 ml Fond und 2 EL Tomatenmark unterrühren. Nach weiteren 20 Minuten Garzeit das Gulasch mit saurer Sahne verfeinern und servieren.

Für das Kalbsfrikassee

650 g Kalbsschulter

Salz

frisch gemahlener Pfeffer

30 g Mehl

100 g Schalotten

40 g Butter

600 ml heller Kalbsfond

⅛ l trockener Weißwein

1 Gewürzsäckchen (½ Lorbeerblatt, 1 Pimentkorn, 1 Gewürznelke, 4 weiße Pfefferkörner, 1 Wacholderbeere)

80 g Sahne

etwas Zitronensaft

Für die Champignons

300 g kleine braune Champignons

50 g Butter

Salz

frisch gemahlener Pfeffer

Niveau ★

Fertig in 1:30 Std.

KALBSFRIKASSEE

MIT CHAMPIGNONS

1. Die Kalbsschulter mit Küchenpapier sorgfältig trocken tupfen und in etwa 3 x 3 cm große Würfel schneiden. Das Fleisch in einer Schüssel mit Salz und Pfeffer würzen und in wenig Mehl wenden – die Fleischwürfel sollten rundherum vom Mehl überzogen sein.

2. Die Schalotten schälen und fein würfeln. Die Butter in einem Schmortopf zerlassen und das Fleisch darin hell anbraten. Die Schalotten hinzufügen und alles so lange braten, bis die entstandene Flüssigkeit sirupartig eingekocht ist. Den Kalbsfond in einem zweiten Topf erhitzen.

3. Die Kalbfleischwürfel mit dem restlichen Mehl bestreuen und gut durchrühren. Den Weißwein und den heißen Kalbsfond dazugießen und alles aufkochen lassen; Schaum von der Oberfläche abschöpfen. Das Gewürzsäckchen in den Topf geben und das Frikassee bei schwacher Hitze knapp unterhalb des Siedepunkts zugedeckt etwa 50 Minuten garen.

4. Inzwischen die Champignons putzen und in der Butter unter Wenden rundherum anbraten, bis Flüssigkeit auszutreten beginnt. Mit Salz und Pfeffer würzen.

5. Das Fleisch mit einem Schaumlöffel aus dem Garsud nehmen und die Sauce mit dem Stabmixer aufschlagen. Die Sauce durch ein feines Sieb in eine Kasserolle gießen, die Sahne unterrühren, die Sauce aufkochen lassen; mit Salz, Pfeffer und Zitronensaft abschmecken.

6. Das Fleisch in die Sauce geben und das Kalbsfrikassee mit den Pilzen auf vorgewärmten Tellern anrichten. Die traditionelle Beilage zu diesem Klassiker ist Reis.

Besonders edel

Wenn Sie noch ein paar Krebsschwänze, Kalbsbriesröschen sowie eine Handvoll Pfifferlinge hinzufügen, wird aus dem Kalbsfrikassee ein luxuriöser Hauptgang.

Sehnenreiches und von Fett durchzogenes Fleisch wie beispielsweise Haxen, werden durch langsames Schmoren zart und besonders aromatisch.

BUTTERZART MIT VIEL AROMA

GRUNDSÄTZLICH GEHT ES BEIM SCHMOREN DARUM, DASS FLEISCH IN RELATIV WENIG FLÜSSIGKEIT BEI SCHWACHER HITZE IM GESCHLOSSENEN TOPF LANGSAM GART. DANACH SOLLTE ES SO WEICH UND ZART SEIN, DASS ES FAST VON SELBST ZERFÄLLT.

Welches Fleisch eignet sich zum Schmoren?

Fleisch aus dem Vorderviertel von Rind, Kalb oder Lamm ist Schmorfleisch erster Wahl: Es ist bindegewebsreich und mehr oder weniger stark von Fett durchzogen. Damit das feste Bindegewebe weich wird, muss es viel Flüssigkeit aufnehmen. Doch Flüssigkeit allein reicht noch nicht, damit das Fleisch zart und weich wird. Zusätzlich braucht Bindegewebe noch ausreichend Zeit und Temperatur zum Ausquellen.

Das richtige Kochgeschirr

Besonders zart und saftig schmort Fleisch in schwerem Kochgeschirr aus Gusseisen: Die dicken Wände und der Boden eines solchen Topfes speichern die Hitze lange und geben sie dann langsam wieder an das Gargut ab. Mit der Folge, dass Ragoutwürfel oder Bratenstücke besonders gleichmäßig darin garen und bräunen. Wer Schmorgerichte aus dem Ofen liebt, für den lohnt es sich also, sich einen Schmortopf zuzulegen, der gemäß Herstellerangabe gereinigt und gepflegt werden sollte. Das gute Stück könnte dann durchaus ein Leben lang halten.

Soll die Schmorsauce sämig werden, kann man das Röstgemüse während des Anbratens mit etwas Mehl bestreuen oder die Schmorflüssigkeit zum Schluss mit angerührter Speisestärke binden.

Braten + Dünsten = Schmoren

Damit sich beim Schmoren aromatische Röststoffe entwickeln können, muss das Fleisch zuerst einmal im heißen Fett rundherum knusprig angebraten werden. Erst dann kommt etwas Fond, Brühe, Wein oder eine andere Flüssigkeit hinzu – aus dem Braten wird dann ein Dünsten. Daher sprechen Experten beim Schmoren auch von einem kombinierten Garverfahren.

Schmoren: Schritt für Schritt

Zunächst einmal wird das Fett, in der Regel Öl oder Butterschmalz, im Schmortopf (oder in einer hochwandigen Schmorpfanne) erhitzt und das Fleisch darin rundherum angebraten: große Braten würzt man vor, Fleischwürfel für Gulasch und Ragouts erst nach dem Anbraten. Hat das Fleisch dann eine schöne braune Kruste, nimmt man es aus dem Topf und stellt es beiseite. Jetzt ist es Zeit für die Zugabe des würzenden Gemüses (auch Röstgemüse genannt) – meist sind es Möhren-, Knollensellerie- und Zwiebelwürfelchen. Das Gemüse wird im verbliebenen Fett angebraten und schließlich mit der im Rezept angegebenen Flüssigkeit abgelöscht – allerdings sollte nicht zu viel Flüssigkeit auf einmal hinzugefügt werden, denn sonst kocht das Fleisch statt sanft zu schmoren.

Je öfter der Vorgang von Ablöschen und Trockenrösten wiederholt wird – im Idealfall sind es drei Mal – desto intensiver wird das Aroma des Schmorfonds. Manchmal können dabei Tomatenmark oder weitere würzende Zutaten mit hinzukommen.

Wer eine sämige Sauce erhalten möchte, sollte das Röstgemüse während des Anbratens mit wenig Mehl bestreuen.

Schließlich wird das Fleisch wieder in den Topf gelegt und das Ganze mit dunklem Fond und Wein oder mit Marinadenflüssigkeit aufgefüllt (wie beim Boeuf bourguignon siehe Seite 125). Mehr als zur Hälfte sollte das Fleisch jedoch nicht von Flüssigkeit bedeckt sein.

Die perfekte Sauce

Das Fleisch gart während des Schmorens im geschlossenen Topf bei schwacher Hitze unten in siedender Flüssigkeit und oben im Dampf. Dabei entwickelt sich ein noch intensiverer Schmorfond, der eine aromatische Sauce abgibt.

Für die Rouladen

4 Rinderrouladen (je 150 g)
1 EL Meerrettichsenf oder mittelscharfer Senf
Salz
frisch gemahlener Pfeffer
2 rote Zwiebeln
2 kleine Pastinaken
2 Möhren
2 EL Mehl
2 EL Öl
2 TL gehackter Ingwer
1 TL Zucker
2 EL Tomatenmark
800 ml rosa Grapefruitsaft
4 Kardamomkapseln
2 Zweige Rosmarin

Für die Füllung

2 feste Äpfel
200 g frische Steinpilze
10 ensteinte Oliven
2–3 getrocknete Tomaten
1 rote Zwiebel
2 EL Öl
Salz
frisch gemahlener Pfeffer
Zucker
2 EL Ziegen- oder Doppelrahmfrischkäse

Niveau
★★

Fertig in
2:30 Std.

RINDERROULADEN

MIT APFEL-PILZ-FÜLLUNG

1. Zuerst die Füllung zubereiten. Dafür die Äpfel schälen, vom Kerngehäuse befreien und in feine Würfel schneiden (siehe Seite 146). Die Pilze putzen. Die Oliven, die getrockneten Tomaten und die Pilze fein hacken.

2. Die Zwiebel schälen und fein würfeln. Das Öl in einer Pfanne erhitzen und die Zwiebelwürfel mit den gehackten Pilzen, Oliven und Tomaten darin kurz anbraten, dann erst die Apfelstückchen hinzufügen. Die Apfel-Pilz-Mischung mit Salz, Pfeffer und Zucker würzen und weiterbraten, bis die Äpfel weich sind. Zum Schluss den Ziegenfrischkäse unter die warme Mischung rühren; die Masse beiseitestellen und abkühlen lassen.

3. Das Rouladenfleisch trocken tupfen und zwischen Frischhaltefolie leicht plattieren. Die Fleischscheiben mit dem Senf bestreichen, mit Salz und Pfeffer würzen.

4. Anschließend die abgekühlte Apfel-Pilz-Füllung auf dem gewürzten Fleisch verstreichen, dabei rundherum einen schmalen Rand frei lassen. Die Längsseiten leicht einschlagen, die Rouladen aufrollen und mit Küchengarn zu Päckchen binden oder mit Rouladennadeln fixieren.

Klassische Rouladen

Dafür werden die Fleischscheiben gesalzen und gepfeffert, dünn mit scharfem Senf bestrichen und mit geräuchertem Speck, Zwiebeln und Gewürzgurken belegt. Dann schlagen Sie die Scheiben seitlich ein, rollen sie auf und binden sie mit Küchengarn zusammen. Nun die Rouladen in Mehl wenden und in einem Schmortopf kräftig in Öl und Butter anbraten. Das Fleisch herausnehmen, 300 g gewürfeltes Wurzelgemüse im verbliebenen Fett anbraten, dabei 2 EL Tomatenmark mitrösten. Alles mit ⅛ l trockenem Rotwein ablöschen und kurz einkochen lassen. Die Rouladen in die Flüssigkeit legen, mit ½ l dunklem Rinderfond aufgießen und 1 ½ Stunden zugedeckt schmoren lassen. Wenn die Rouladen weich sind, aus der Sauce nehmen. Die Sauce durch ein Sieb gießen und bis zur gewünschten Konsistenz einköcheln lassen.

➜

Für die Füllung werden Äpfel, Steinpilze und andere Zutaten klein gewürfelt bzw. gehackt – je feiner, desto besser.

5. Den Backofen auf 200 °C vorheizen. Die Zwiebeln, die Pastinaken und die Möhren schälen und fein würfeln. Das Mehl auf einen Teller geben und die Rouladen darin wenden, dabei überschüssiges Mehl abklopfen. In einem ofenfesten Schmortopf das Öl erhitzen und die Rouladen darin unter Wenden kräftig anbraten.

6. Die Rouladen aus dem Topf nehmen; die Gemüsewürfel und den gehackten Ingwer in das Bratfett geben und anbraten; mit je 1 TL Salz und Zucker würzen. Das Tomatenmark hinzufügen und 2 Minuten mitrösten, dann alles mit dem Grapefruitsaft ablöschen.

7. Die Kardamomkapseln andrücken, die schwarzen Samen herauslösen und mit dem Rosmarin in den Topf geben. Alles aufkochen lassen, die Rouladen wieder in den Fond legen und im vorgeheizten Ofen zugedeckt 1 ½ Stunden schmoren.

8. Nach der Schmorzeit die Rouladen aus dem Topf nehmen und von Küchengarn oder Rouladennadeln befreien. Den Schmorfond kurz mit dem Stabmixer aufschlagen und anschließend durch ein feines Sieb gießen. Die Rouladen mit der Sauce auf Tellern anrichten und nach Belieben mit Selleriepüree oder Haselnuss-Spätzle servieren.

Für die Rouladen

1 rote Paprikaschote

80 g Zuckerschoten

1 kleine Stange Lauch

50 g Shiitakepilze

10 g Ingwer

2 TL Koriandergrün

80 g Sojasprossen

1 EL helles Sesamöl

Salz

frsich gemahlener Pfeffer

2–3 Prisen gemahlener Koriander

2 EL helle Sojasauce

4 Kalbsschnitzel (je 150 g)

2–3 EL Mehl

1 EL Butterschmalz

Für die Sauce

3 Schalotten

1 EL Butter

1/8 l trockener Sherry

1/4 l Geflügelfond

Salz

frisch gemahlener Pfeffer

Saft von 1/2 Zitrone

1–2 TL Speisestärke, nach Bedarf

1 EL gehackte Petersilie

1 TL gehacktes Koriandergrün

Niveau

★★

Fertig in

0:50 Std.

KALBSROULADEN

MIT SPROSSEN UND INGWER

1. Die Paprikaschote mit einem Sparschäler dünn schälen, dann putzen, nur innen waschen und in feine Streifen schneiden. Zuckerschoten, Lauch und Pilze putzen, waschen und ebenfalls in feine Streifen schneiden. Den Ingwer schälen und mit dem Koriandergrün in sehr feine Streifen schneiden. Die Sojasprossen in einem Sieb abbrausen und gut abtropfen lassen.

2. Das Gemüse mit den Sojasprossen im Sesamöl kurz anbraten und die Mischung mit Salz, Pfeffer und gemahlenem Koriander würzen. Alles mit der Sojasauce ablöschen, Ingwer und Koriandergrün dazugeben und untermischen. Die Gemüsemischung kalt stellen.

3. Die Schnitzel trocken tupfen und zwischen Frischhaltefolie dünn plattieren. Auf der Arbeitsfläche ausbreiten und mit der Gemüsemischung bedecken; das Fleisch aufrollen und mit Küchengarn fixieren. Die Rouladen mit Salz und Pfeffer würzen, im Mehl wenden und in einem Schmortopf in Butterschmalz rundherum kräftig anbraten. Herausnehmen.

4. Für die Sauce die Schalotten schälen und fein hacken. Die Butter in den Topf geben und die Schalotten darin glasig dünsten. Mit dem Sherry ablöschen und den Geflügelfond dazugießen. Die Rouladen wieder in den Topf legen und zugedeckt bei schwacher Hitze etwa 15 Minuten schmoren.

5. Die Rouladen aus der Sauce nehmen und diese mit Salz, Pfeffer und Zitronensaft abschmecken. Die Speisestärke mit etwas kaltem Wasser anrühren und die Sauce nach Belieben damit binden. Die Kräuter unter die Sauce rühren und die Rouladen mit der Sauce beträufeln. Nach Belieben Basmatireis dazu reichen.

Für die Füllung

1 Pfirsich (frisch oder Konserve)

1 rote Zwiebel

50 g Gorgonzola

400 g gemischtes Hackfleisch

2 EL fein geschnittener Estragon

2 EL grob gehackte Pistazien

2 Eier

½ TL Salz, 1 TL Zucker

½ TL frisch gemahlener Pfeffer

Für die Rouladen

8 große Weißkohl- oder Rotkohlblätter

Salz

2 EL Mehl

2 EL Öl

⅛ l Ginger Ale (ersatzweise Weißwein)

⅛ l Apfelsaft

2 EL Speisestärke

Niveau

★★

Fertig in

0:50 Std.

KOHLROULADEN

MIT HACKFLEISCH-GORGONZOLA-FÜLLUNG

1. Für die Füllung den frischen Pfirsich blanchieren, häuten und fein würfeln. Die Zwiebel schälen und ebenfalls fein würfeln. Den Gorgonzola in Stückchen schneiden. Das Hackfleisch mit Zwiebel, Gorgonzola, Estragon, Pfirsich, Pistazien und den Eiern vermengen. Die Hackfleischmasse mit Salz, Zucker und Pfeffer würzen.

2. Für die Rouladen die Kohlblätter für 2 Minuten in kochendes Salzwasser geben, in Eiswasser abschrecken und gut abtropfen lassen. Die groben Blattrippen herausschneiden, die Kohlblätter zwischen Küchenpapier trocken tupfen und auf der Arbeitsfläche ausbreiten.

3. Den Backofen auf 200 °C vorheizen. Die Füllung auf die Blätter verteilen, die Seiten der Blätter einschlagen und die Blätter von der Strunkseite her zu Rouladen aufrollen. Mit Küchengarn zu Päckchen binden und die Rouladen in Mehl wenden; überschüssiges Mehl abklopfen.

4. Die Rouladen rundherum in Öl anbraten. Ginger Ale und Apfelsaft dazugießen und die Rouladen in etwa 25 Minuten im heißen Ofen fertig garen. Alternativ die Rouladen auf dem Herd im geschlossenen Topf bei schwacher Hitze fertig schmoren.

5. Die Rouladen aus der Sauce nehmen. Die Speisestärke mit kaltem Wasser anrühren und die Sauce damit binden. Die Rouladen wieder in die Sauce legen und darin 2 Minuten erhitzen. Aus der Sauce nehmen und vorsichtig von dem Garn befreien. Zum Servieren die Kohlrouladen mit der Sauce auf vorgewärmten Tellern anrichten und nach Belieben einen Graupen-Risotto dazu reichen.

Varianten

Sie können die Füllung für die Kohlrouladen auch mit Hackfleisch von Lamm oder Wild zubereiten. Oder Sie ersetzen den Pfeffer durch Szechuanpfeffer. Auch dadurch erhält die Füllung geschmacklich eine andere Note.

800 g Lammschulter, ohne Knochen
Salz
frisch gemahlener Pfeffer
3 Knoblauchzehen
5 EL Olivenöl
1 TL edelsüßes Paprikapulver
abgeriebene Schale von ½ unbehandelten Zitrone
1 EL Tomatenmark
½ l Rotwein
2 Zweige Rosmarin
6 Zweige Thymian
1 frisches Lorbeerblatt
etwa ½ l Lammfond oder dunkler Kalbsfond
100 g Perlzwiebeln
150 g Teltower Rübchen
200 g Muskatkürbis
1 EL Butter
1 EL Zucker
80 g kleine schwarze Oliven
½–1 TL getrocknete Lavendelblüten
1–2 TL Speisestärke

Niveau
★★
Fertig in
1:50 Std.

LAMMRAGOUT

MIT LAVENDEL UND KARAMELLISIERTEM GEMÜSE

1. Das Lammfleisch trocken tupfen. In 3 cm große Würfel schneiden und mit Salz und Pfeffer würzen. Knoblauch schälen und andrücken. Die Fleischwürfel in einem Schmortopf im heißen Olivenöl anbraten, den Knoblauch hinzufügen und kurz mitbraten.

2. Anschließend das Paprikapulver und die Zitronenschale in den Topf geben, das Tomatenmark unterrühren und alles zusammen kurz braten. Nun die Hälfte des Rotweins dazugießen.

3. Die Rosmarin- und Thymianzweige sowie das Lorbeerblatt in den Topf geben. Das Lammfleisch insgesamt etwa 1 Stunde und 20 Minuten bei schwacher Hitze im geschlossenen Topf schmoren lassen. Dabei nach und nach den restlichen Rotwein sowie den Fond dazugeben.

4. Die Perlzwiebeln, Rübchen und das Stück Kürbis schälen. Rübchen und Kürbis in etwa perlzwiebelgroße Stücke schneiden. Die Butter in einer Kasserolle aufschäumen lassen und das Gemüse darin anbraten.

5. Das Gemüse mit Zucker und etwas Salz bestreuen und goldgelb karamellisieren lassen, dann mit etwas Fond ablöschen und nach etwa 1 Stunde Schmorzeit zum Fleisch geben.

6. Alles zusammen noch etwa 20 Minuten schmoren lassen. 3 Minuten vor Ende der Garzeit die Oliven dazugeben und das Ragout mit Lavendelblüten würzen. Zum Schluss mit Salz und Pfeffer abschmecken. Wer mag, kann das Ragout noch mit in kaltem Wasser aufgelöster Speisestärke andicken. Dazu passt eine cremige Polenta.

Lammhaxen

Die Hinterhaxe ist fleischiger als die bindegewebsreiche Vorderhaxe (Stelze).

Brustspitze

Nach langer Schmorzeit wird das bindegewebe- und fettreiche Fleisch schön zart und aromatisch.

LAMMFLEISCH

ZUM SCHMOREN

Die hier abgebildeten Teile von Lamm oder Schaf zählen im Vergleich zu Rücken und Keule zu den preiswerteren Teilstücken. Minderwertig sind sie jedoch keineswegs – im Gegenteil: Nach einer angemessenen Garzeit schmecken sie sogar aromatischer und sind ggf. saftiger als die teureren Fleischstücke wie Lammrückenfilet oder Kotelett, die in kurzer Zeit gar sind. Tipp: Schmoren Sie möglichst die Teile mit Knochen, so entsteht ein besonders intensives Aroma.

Dünnung

Auch dieses Teilstück vom Lamm ist relativ fettreich und preiswert. Es wird auch Bauch oder Lappen genannt und lässt sich gut als Rollbraten schmoren.

Lammhals

Sein Fleisch ist sehr gut marmoriert und bleibt deshalb bei der Zubereitung schön saftig. Das ausgelöste Fleisch eignet sich bestens für Gulasch, Currys und Ragouts.

Lammschulter

Sie wird auch Schaufel oder Bug genannt. Im Vergleich zur Keule ist sie deutlich kleiner und hat einen höheren Anteil an Fett und Bindegewebe.

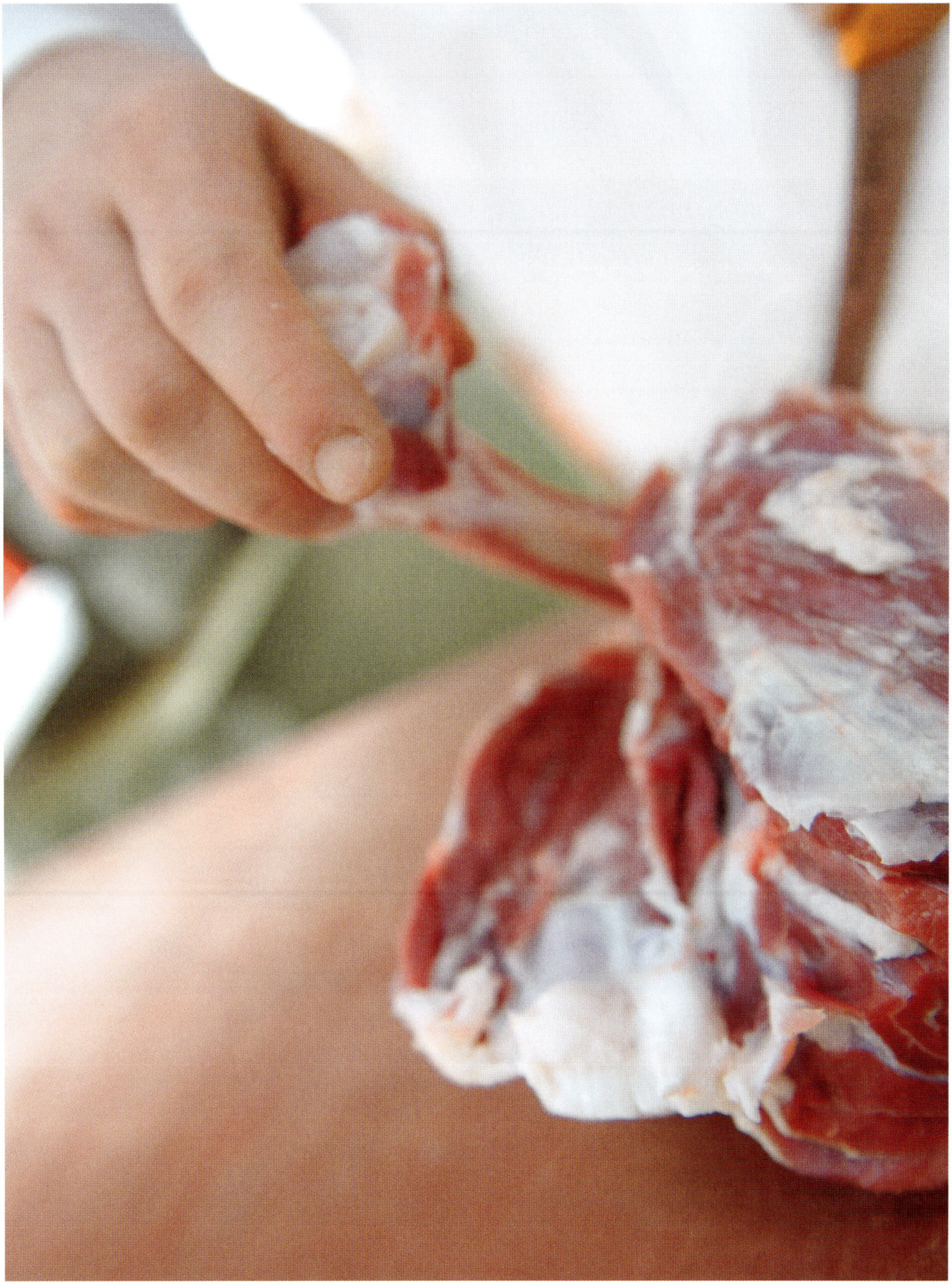

1 kg Lammfleisch aus der Keule

20 g Tamarindenmark

2 Schalotten

1 Knoblauchzehe

4 EL Öl

4 große getrocknete rote Chilischoten

60 g ungesalzene Erdnusskerne

4 EL gelbe Currypaste

3 Stängel Zitronengras

800 ml Kokosmilch

8 Thai-Auberginen

brauner Zucker

Limettensaft

Fischsauce

Salz

Niveau

★

Fertig in

1:10 Std.

LAMMCURRY

MIT THAI-AUBERGINEN

1. Das Lammfleisch mit Küchenpapier trocken tupfen und in etwa 3 x 3 cm große Würfel schneiden. Das Tamarindenmark in 100 ml Wasser aufkochen und 30 bis 40 Minuten köcheln lassen; anschließend durch ein Sieb abgießen. Die Schalotten schälen und in feine Streifen schneiden. Den Knoblauch schälen und fein hacken.

2. 2 EL Öl in einer Pfanne oder im Wok erhitzen und darin nacheinander die Schalotten, die Chilis und den Knoblauch goldgelb anbraten. Die Mischung in den Mixer oder Mörser geben und zu einer homogenen Paste verarbeiten. Die Erdnüsse ohne Fett goldgelb rösten.

3. Das Lammfleisch im restlichen Öl anbraten. Die Currypaste hinzufügen und etwa 2 Minuten unter Rühren mitbraten. Das Zitronengras etwas flach klopfen und hinzufügen. Alles mit der Kokosmilch ablöschen und das Curry etwa 30 Minuten köcheln lassen.

4. Inzwischen die kleinen Auberginen waschen und längs halbieren. 10 Minuten vor Ende der Garzeit die Auberginenhälften und das Tamarindenwasser zum Fleisch geben. Das Curry mit Zucker, Limettensaft und Fischsauce würzen. Die Paste aus gerösteten Chilis, Knoblauch und Schalotten sowie die gerösteten Erdnüsse unterrühren und das Curry mit Salz abschmecken.

Tamarindenmark

Das Mark der braunen Hülsenfrüchte des immergrünen Tamarindenbaumes ist ein beliebtes Säuerungsmittel in der asiatischen Küche, ähnlich wie bei uns Zitronensaft. Falls Sie kein Tamarindenmark erstehen können (in Asienläden wird es normalerweise angeboten), nehmen Sie stattdessen einfach 1 bis 2 EL Zitronensaft.

Für die Lammhaxen

4 Lammhaxe (je 250 g)

Salz

frisch gemahlener Pfeffer

250 g Röstgemüse (Möhre, Knollensellerie, Lauch und Zwiebel)

2 EL Olivenöl

1 EL Tomatenmark

2 Knoblauchzehen

2 Zweige Thymian

1 Zweig Rosmarin

1–2 TL Fenchelsamen

2 Lorbeerblätter

¼ l Weißwein

½ l Kalbs- oder Geflügelfond

2 EL Dijonsenf

1 gewässertes Schweinenetz

Für die Füllung

50 g Polentagrieß

150–200 ml Geflügelfond

1 EL geriebener Parmesan

1 EL Butter

1 EL in Salz eingelegte kleine Kapern

2 in Salz eingelegte Sardellen

3 Stängel glatte Petersilie

1 Eigelb

Salz

frisch gemahlener Pfeffer

Für das Paprikakraut

1 rote Paprikaschote

300 g Weißkohl

1 Knoblauchzehe

1 Zwiebel

50 g Schweineschmalz

Salz

frisch gemahlener Pfeffer

1 TL Kümmel

1 EL Paprikapulver

⅛ l Geflügelfond

1–2 Spritzer Essig

1 mehligkochende Kartoffel

Niveau ★★★

Fertig in 2:10 Std.

LAMMHAXEN

MIT POLENTAFÜLLUNG UND PAPRIKAKRAUT

1. Die Haxen trocken tupfen, salzen und pfeffern. Das Röstgemüse putzen bzw. schälen und in feine Würfel schneiden. In einem großen Schmortopf das Öl erhitzen und die Haxen darin rundherum kräftig anbraten; herausnehmen. Nun die Gemüsewürfelchen in den Topf geben und im verbliebenen Bratfett anbraten. Das Tomatenmark hinzufügen und kurz mitbraten.

2. Die Knoblauchzehen schälen und mit den Kräutern und Gewürzen in den Topf geben; ebenfalls kurz mitbraten. Dann alles mit dem Wein ablöschen, diesen bei starker Hitze etwas reduzieren und den Fond dazugießen.

3. Die Haxen wieder in den Topf geben und zugedeckt etwa 1 Stunde schmoren lassen. Anschließend aus der Sauce nehmen. Die Sauce durch ein feines Sieb in einen weiten Topf gießen und einköcheln lassen, bis die erwünschte Konsistenz erreicht ist.

4. Während die Haxen schmoren, für die Füllung die Polenta in 150 ml Geflügelfond nach Packungsangabe garen. Sollte sie zu fest sein, den restlichen Gefügelfond einrühren. Die Polenta mit Parmesan und Butter würzen und etwas abkühlen lassen.

5. Kapern und Sardellen unter kaltem Wasser abspülen, gut abtropfen lassen und fein hacken. Die Petersilienstängel waschen und trocken schütteln. Die Blätter abzupfen und fein hacken. Kapern und Sardellen mit der Petersilie und dem Eigelb in die Polenta rühren. Den Brei mit Salz und Pfeffer abschmecken.

6. Das Fleisch von den Haxenknochen lösen, mit der Polenta füllen, mit Senf bestreichen und jeweils in ein Stück gewässertes Schweinenetz einwickeln (siehe Abb. Seite 160). Die Haxen rundherum anbraten, dann noch 20 Minuten in der Sauce schmoren lassen.

Wer kein Schweinenetz hat, kann sich zum Zusammenhalten von Fleisch und Füllung mit Küchengarn behelfen. Dieses einfach mehrfach um die Haxen wickeln.

7. Für das Kraut die Paprikaschoten putzen, waschen und mit dem Sparschäler dünn schälen. Die Kohlbätter und die Paprika in etwa 5 mm breite Streifen schneiden. Die Knoblauchzehe schälen und fein hacken. Die Zwiebel schälen und würfeln.

8. Das Schweineschmalz in einem Topf erhitzen und die Zwiebelwürfel darin glasig dünsten. Kohl- und Paprikastreifen hinzufügen und kurz mitdünsten. Alles mit Salz, Pfeffer, Kümmel, Paprikapulver und Knoblauch würzen. Den Fond und einen Spritzer Essig dazugeben und das Kraut etwa 20 Minuten dünsten.

9. Inzwischen die Kartoffel schälen und kurz vor Ende der Garzeit in das Paprikakraut reiben; das Kraut abschmecken. Die Lammhaxen auf dem Kraut anrichten und mit der Sauce umgießen.

Gefüllte Kalbshaxe

Eine Kalbshaxe mit Polentafüllung ist eine gute Alternative zu den Lammhaxen. Dafür statt der Lammhaxen 1 hintere Kalbshaxe (etwa 1,1 kg) würzen, anbraten und etwa 1 ½ Stunden schmoren. Dann wie beschrieben füllen und mit der Füllung weitere 30 Minuten in der Sauce garen.

Für die Haxen

2 Spanferkelhaxen, Salz
2 Knoblauchzehen
30 g frischer Ingwer
2 Stängel Zitronengras
1 Chilischote
1 Stange Lauch
6 Kaffirlimettenblätter
1 Bund Koriandergrün
2 EL Hoisinsauce
100 ml helle Sojasauce
100 ml dunkle Sojasauce (Ketjap Manis)
1 TL Korianderkörner
2 EL Honig
50 ml helles Sesamöl
abgeriebene Schale von ½ unbehandelten Orange
Salz
frisch gemahlener Pfeffer

Für den Salat

150 g mittelbreite Reisnudeln
¼ l Kokosmilch
Salz
Korianderblätter

Niveau
★★

Fertig in gut
2 Tagen

SPANFERKELHAXEN

MIT KOKOS-REISNUDELSALAT

1. Die Spanferkelhaxen für 2 bis 3 Minuten in kochendes Salzwasser geben, herausnehmen und mit kaltem Wasser abbrausen. Anschließend die Schwarten mit einem scharfen Messer rautenförmig einritzen.

2. Knoblauch und Ingwer schälen und fein hacken. Vom Zitronengras die unteren Teile fein hacken. Die Chilischote waschen, entkernen und in Streifen schneiden. Lauchstange waschen, putzen und ebenfalls fein zerkleinern. Die Kaffierlimettenblätter waschen und einreißen. Koriandergrün waschen, abzupfen und grob hacken.

3. Die vorbereiteten Zutaten in eine große Form geben und mit Hoisin- sowie Sojasaucen, Korianderkörnern, Honig, Öl, Orangenschale, Salz und Pfeffer verrühren. Die Haxen in der Marinade wenden, zudecken und im Kühlschrank etwa 2 Tage (48 Stunden) durchziehen lassen.

4. Am Tag der Zubereitung den Backofen auf 160 °C vorheizen. Die Haxen aus der Marinade nehmen, die Marinade in einem Schmortopf zum Kochen bringen, die Haxen hineinlegen und zugedeckt im heißen Ofen 2 bis 2 ½ Stunden garen.

5. Nach der Garzeit die Haxen aus dem Topf nehmen. Das Fleisch von den Knochen lösen und in feine Scheiben schneiden. Von der Marinadeflüssigkeit 100 ml durch ein Sieb gießen und um die Hälfte einkochen lassen.

6. Die Reisnudeln nach Packungsanagbe in der Kokosmilch mit etwas Salz garen. Mit Korianderblättern bestreuen und mit einer Fleischgabel zum Servieren aufrollen. Die Nudeln neben den Fleischscheiben anrichten und diese mit der reduzierten Marinade beträufeln.

Reste verwerten

Übrig gebliebene Fleischscheiben können Sie in eine wundervolle Vorspeise verwandeln. Dafür eine Terrrinenform mit Frischhaltefolie auskleiden und die Fleischscheiben lauwarm mit etwas reduzierter Marinade dazwischen hineinschichten. Die obere Fleischschicht mit Folie bedecken, die Schichten pressen und die Terrine gut durchkühlen. Kalt lässt sich dann alles stürzen und in feine Scheiben schneiden. Mit etwas Kräutervinaigrette beträufeln und servieren.

Für die Zickleinschulter

2 Zickleinschultern (je 600 g mit Schulterblatt, aber ohne Beinknochen)

Salz

frisch gemahlener Pfeffer

30 ml Olivenöl

2 Tomaten

8 Knoblauchzehen

2 Zweige Thymian

150 ml trockener Weißwein

100 ml Geflügelfond

Für das Gemüse

6–10 kleine Kartoffeln

Salz

frisch gemahlener Pfeffer

30 ml Olivenöl

1 rote und 1 gelbe Paprikaschote

100 g Zucchini

20 entsteinte kleine schwarze Oliven in Öl

12 Scheiben Chorizo (spanische Paprikawurst)

2 Knoblauchzehen

6 Sardellenfilets in Salz

1 Zweig Thymian

Niveau

★★

Fertig in

1:20 Std.

ZICKLEINSCHULTER

AUF SPANISCHE ART

1. Den Backofen auf 170 °C vorheizen. Die Zickleinschultern parieren, trocken tupfen und mit Salz, Pfeffer und Olivenöl einreiben (siehe Abb. Seite 167). Die Tomaten waschen und in Würfel schneiden.

2. Das Fleisch mit den Tomaten, den ungeschälten Knoblauchzehen und den Thymianzweigen in einen Bräter legen und etwa 1 Stunde im Ofen schmoren. Die Zickleinschultern zwischendurch immer wieder mit etwas Weißwein und Geflügelfond begießen.

3. Wenn die Flüssigkeit im Schmortopf fast völlig eingekocht ist, die Zickleinschultern mit dem Bratfond übergießen (glasieren), bis sie schön glänzen. Bei Bedarf noch etwas Wasser zugeben.

4. Während das Fleisch schmort, die Kartoffeln gründlich unter fließendem Wasser abbürsten. halbieren, salzen, pfeffern und auf dem tiefen Backblech verteilen – sie sollen nebeneinander auf dem Blech liegen.

5. Die Kartoffeln mit dem Olivenöl beträufeln und darin wenden. Das Blech nach 30 Minuten Garzeit des Fleisches in den Ofen schieben und die Kartoffeln 25 Minuten mitgaren.

6. Paprikaschoten waschen, putzen und in etwa 2 cm große Stücke schneiden. Mit Salz und Pfeffer würzen und nach 10 Minuten zu den Kartoffeln auf das Blech geben. Kartoffeln und Paprika während des Garens hin und wieder wenden und mischen.

➔

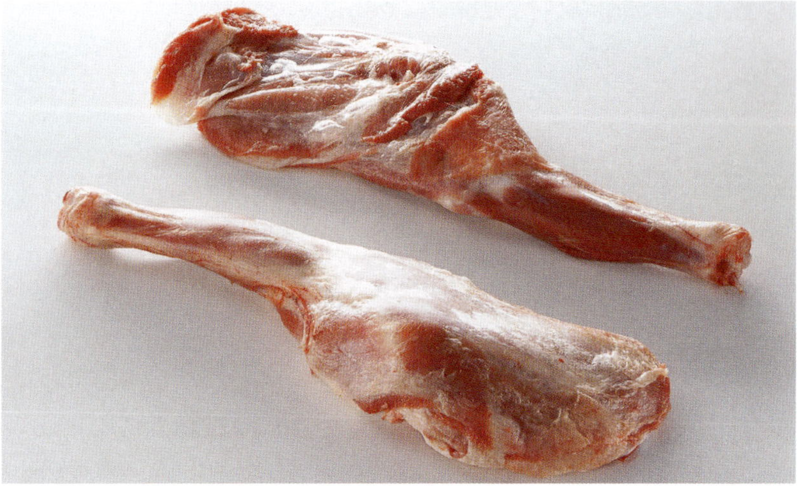

Die Schultern vom Zicklein sind mager und zart. Damit sie beim Garen saftig und schön aromatisch werden, bietet sich sanftes Schmoren in Wein und Fond an.

7. Inzwischen die Zucchini waschen, putzen, ebenfalls in etwa 2 cm große Stücke schneiden; salzen und pfeffern. Nach weiteren 5 Minuten die Zucchini mit den Oliven und den Chorizoscheiben auf das Blech geben und alles zusammen 5 Minuten weitergaren.

8. Das Blech aus dem Ofen nehmen. Das Gemüse auf einer Platte anrichten und den Thymianzweig entfernen. Das (inzwischen weich geschmorte) Fleisch aus dem Topf nehmen und in Scheiben vom Knochen schneiden.

9. Währenddessen die Knoblauchzehen schälen und in Scheiben schneiden. Die Sardellenfilets wässern und in Stückchen schneiden. Mit dem Knoblauch und dem Thymianzweig unter die Kartoffel-Gemüse-Mischung im Ofen heben. Das Ganze noch 5 Minuten im Ofen weitergaren, bis die Kartoffeln und das Gemüse weich sind.

10. Zum Servieren die Fleischscheiben auf dem Gemüse anrichten. Den verbliebenen Bratfond durch ein feines Sieb passieren, kurz aufkochen lassen, abschmecken und separat dazu reichen.

Kapitel 5

GEBRATEN UND GEGRILLT

Für die Schnitzel

4 Kalbsschnitzel aus der Oberschale (je etwa 120 g)

Salz

frisch gemahlener Pfeffer

3 EL Öl

30 g Butter

Für die Panade

30 g Mehl

2 Eier

150 g Semmelbrösel

Außerdem

1 unbehandelte Zitrone

Schnittlauchröllchen und Petersilie zum Garnieren

Niveau ★

Fertig in 0:30 Std.

WIENER SCHNITZEL

DER KLASSIKER MIT KALBFLEISCH

1. Die Kalbsschnitzel mit Küchenpapier trocken tupfen. Nacheinander zwischen zwei Lagen Frischhaltefolie legen und mit dem Plattiereisen oder den Handballen flach drücken, damit das Fleisch überall gleich dick ist. (Nur so ist gewährleistet, dass die Schnitzel gleichmäßig durchgaren.) Die Schnitzel aus der Frischhaltefolie nehmen und auf beiden Seiten mit Salz und Pfeffer würzen.

2. Für die Panade Mehl, Eier und Semmelbrösel jeweils in bzw. auf einen großen Teller geben. Die Eier mit einer Gabel verschlagen. Zum Panieren die Schnitzel zuerst im Mehl wenden, dabei überschüssiges Mehl abklopfen, dann so durch das Ei ziehen, dass sie vollständig davon überzogen sind und auf beiden Seiten in die Semmelbrösel drücken (siehe Abb. 1 bis 3 auf Seite 172).

3. Das Öl und die Butter in einer entsprechend großen Pfanne erhitzen. Die panierten Schnitzel nebeneinander hineinlegen und auf jeder Seite in 2 bis 3 Minuten schön goldbraun braten.

4. Die Schnitzel aus der Pfanne heben, auf eine doppelte Lage Küchenpapier geben, um sie zu entfetten und auf vorgewärmten Tellern anrichten. Die Zitrone heiß abwaschen, trocken reiben und in Schnitze schneiden.

5. Die Schnitzel mit den Zitronenschnitzen sowie Schnittlauchröllchen und Petersilie garnieren. Dazu gehören Kartoffelsalat oder Petersilienkartoffeln.

Auf die Zutaten kommt es an

Entscheidend für ein gutes Wiener Schnitzel sind die Zutaten. Kalbfleisch ist ein Muss. Traditionell wird es aus der Oberschale geschnitten, dem Kaiserteil, wie die Österreicher sagen (aber auch Nuss oder Hüfte liefern gutes Schnitzelfleisch). Genauso wichtig wie das Fleisch ist die Panade, und die hängt vor allem von den Semmelbröseln ab. Wirklich gute Brösel erhält man, wenn die Brötchen dafür frisch gerieben werden.

Zum Panieren zuerst das Mehl auf eine Platte oder einen tiefen Teller geben und die Schnitzel darin wenden. Überschüssiges Mehl vom Fleisch gut abklopfen.

SCHNITZEL PANIEREN

2. In einem zweiten Teller 1 bis 2 Eier mit einer Gabel verquirlen und die Schnitzel damit umhüllen. 3. Semmelbrösel auf einen Teller schütten und die Schnitzel darin wenden; die Brösel dabei mit den Fingern leicht andrücken.

Neben der klassischen Panade mit Bröseln gibt es unzählige Panade-Varianten. Paniert wird das Fleisch dabei immer nach dem gleichen Prinzip, so wie in den Abb. 1 bis 3 dargestellt.

Gewürzte Panade

Die einfachste Art, die Schnitzelpanade zu verändern besteht darin, die Semmelbrösel zu würzen. Beispielsweise mit getrockneten Kräutern, geriebenem Parmesan, Currypulver, Paprika- oder Chilipulver.
Gut schmeckt auch eine Panade, bei der die Hälfte des Mehls durch gemahlene Mandeln oder Haselnüsse ersetzt wurde.

Scharfe Wasabi-Panade

Die Schnitzel wie beschrieben in Mehl und Ei wenden. Anstelle der Semmelbrösel jedoch fein gemahlene Wasabi-Erbsen nehmen und die Schnitzel damit panieren.

Panade mit Cornflakes oder Tortillachips

Tortillachips oder Cornflakes grob zerkleinern – sie sollen nicht gemahlen sein – und anstelle der Semmelbrösel zum Panieren verwenden. Nach Belieben noch 1 bis 2 im Mörser zerstoßene getrocknete Chilischoten unter die Chips-Brösel mischen.

Extra-Aroma

Schwenken Sie fertig gebratene Wiener Schnitzel oder mit Tortillachips panierte Schnitzel noch 2 Minuten zusammen mit 2 Rosmarinzweigen und 2 angedrückten Knoblauchzehen bzw. mit 1 Chilischote in Butter oder Öl.

8 dünne Kalbsschnitzel (je 80 g)
1 unbehandelte Zitrone
etwa ⅛ l Olivenöl
frisch gemahlener weißer Pfeffer
2 EL Mehl
¼ l Weißwein
2 EL kalte Butter
1 Prise Zucker
Salz
Kerbel und Zitronenzesten zum Garnieren

Niveau
★
Fertig in
1:30 Std.

KALBSSCHNITZEL

MIT ZITRONENSAUCE

1. Die Kalbsschnitzel mit Küchenpapier trocken tupfen, zwischen Frischhaltefolie legen und plattieren bzw. flach drücken, bis sie knapp 5 mm dünn sind. Die Fleischscheiben auf eine Platte legen.

2. Die Zitrone heiß waschen und abtrocknen. Die Schale fein abreiben und die Frucht auspressen. Den Zitronensaft mit 5 EL Olivenöl verquirlen, mit wenig Pfeffer und der abgeriebenen Zitronenschale würzen. Die Marinade über die Schnitzel gießen und diese zugedeckt im Kühlschrank mindestens 1 Stunde durchziehen lassen; dabei zwischendurch einmal wenden.

3. Den Backofen auf 60 °C vorheizen. In einer Pfanne 2 EL Olivenöl erhitzen. Die Schnitzel aus der Marinade nehmen, gut abtropfen lassen (Marinade aufbewahren) und so im Mehl wenden, dass sie nur ganz leicht davon bedeckt sind.

4. Die Schnitzel portionsweise im heißen Öl auf jeder Seite etwa 2 Minuten braten, dabei immer wieder etwas Olivenöl hinzufügen. Anschließend aus der Pfanne nehmen und zugedeckt im Ofen warm halten.

5. Die Marinade in die Pfanne gießen, den Wein hinzufügen und alles kräftig aufkochen lassen. Die kalte Butter in Stückchen unter die Sauce schlagen. Die Sauce mit Zucker, Salz und Pfeffer abschmecken.

6. Die Schnitzel in die Zitronensauce legen und darin heiß werden lassen. Zum Servieren die Schnitzel mit grünem Spargel auf vorgewärmten Tellern anrichten, mit Kerbel und Zitronenzesten garnieren und mit der Zitronensauce umgießen.

Saltimbocca alla romana

In Italien gibt es eine weitere Variante der kleinen Kalbsschnitzel. Dafür je 1 Salbeiblatt und 1 Scheibe Parmaschinken mit einem Zahnstocher auf dünne Kalbsschnitzelchen stecken und die Schnitzelchen kurz in Butter braten. Anschließend Weißwein dazugießen und die Schnitzel weich garen. Sie sind so lecker, dass sie einem »von selbst in den Mund springen«, wie der Name sagt.

Kalbskoteletts

Sie werden mit den Knochen aus dem Kotelettstück geschnitten. Fettauflage und Knochen sorgen für einen kräftigen Geschmack.

Kalbskarree

Das Kalbskotelettstück mit Knochen wird auch als Kalbskarree bezeichnet. Im Ganzen gebraten ergibt es einen feinen Braten.

Kalbslende

Sie ist der ausgelöste Muskelstrang vom hinteren Teil des Rückens und entspricht dem Roastbeef beim Rind; fast so zart wie das Filet.

KALBFLEISCH

ZUM BRATEN

Bei jungen Tieren wie Kälbern sind die Muskeln noch nicht vollständig ausgebildet und das Bindegewebe ist noch weich. Deshalb bietet sich Kalbfleisch zum Kurzbraten gut an. Kalbskoteletts und Lendensteaks sind neben dem Filet begehrte Teilstücke, doch auch zarte Schnitzel aus der Keule und die Dünnung sind nicht zu verachten.

Kalbslendensteaks

Die zarten Steaks aus dem ausgelösten Rücken haben eine hauchdünne Fettauflage. Diese vor dem Braten nicht entfernen: Sie hält das Fleisch saftig.

Kalbsschnitzel

Magere Schnitzel werden aus der Kalbsoberschale geschnitten. Für Wiener Schnitzel oder zartes Kalbsgeschnetzeltes sind sie die beste Wahl.

Dünnung oder Flanke

Das preiswerte, relativ bindegewebsreiche flache Teilstück stammt vom Bauch des Kalbs. Kann wie eine Brust gefüllt und gebraten oder wie ein Steak gegrillt werden.

Für die Paillards

4 Kalbsschnitzel aus der Oberschale (je 150 g)

Salz

20 g Butterschmalz

50 g Butter

Für den Risotto

100 g gepalte frische Erbsen oder Tiefkühl-Erbsen

800 ml Geflügelfond

2 Schalotten

40 g Butter

200 g Risottoreis (z. B. Arborio oder Carnaroli)

200 ml Weißwein

30 g geriebener Parmesan

Salz

frisch gemahlener Pfeffer

1 EL gehackter Kerbel

Für den Butterjus

50 g Butter

1/8 l warmer Kalbsjus

etwas Zitronensaft

Niveau

★★

Fertig in

1:00 Std.

PAILLARD VOM KALB

AUF ERBSENRISOTTO MIT BRAUNEM BUTTERJUS

1. Für die Paillards die Schnitzel zwischen Frischhaltefolie etwa 3 mm dünn plattieren und beiseitelegen. Für den Risotto die frischen Erbsen kurz in kochendes Wasser geben, abgießen und eiskalt abschrecken; gefrorene Erbsen nach Packungsangabe in Wasser kochen. Zwei Drittel der Erbsen mit wenig Geflügelfond pürieren. Den restlichen Fond erhitzen.

2. Die Schalotten schälen und in 25 g Butter glasig dünsten. Anschließend den Reis hinzufügen und mitdünsten, bis die Körner ebenfalls glasig sind. Die Reis-Zwiebel-Mischung mit Weißwein ablöschen und mit heißem Fond bedecken. Unter Rühren 15 Minuten köcheln, dabei immer wieder etwas Fond angießen.

3. Das Erbsenpüree und die ganzen Erbsen zum Risotto geben und untermischen, dann die restliche Butter und den Parmesan unterrühren. Den Risotto mit Salz und Pfeffer würzen und den gehackten Kerbel untermischen.

4. Für den Butterjus die Butter unter Rühren erhitzen und nur leicht bräunen lassen. Den warmen Kalbsjus mit dem Schneebesen darunterschlagen und den Butterjus mit Zitronensaft abschmecken.

5. Nun die Paillards fertig zubereiten. Dafür die plattierten Schnitzel salzen. In einer Pfanne das Butterschmalz erhitzen und die Schnitzel darin auf beiden Seiten kräftig anbraten. Die Butter in die Pfanne geben und alles kurz durchschwenken.

6. Den Risotto auf vorgewärmte Teller verteilen und die Paillards darauf anrichten. Mit Butterjus umgießen und nach Belieben mit Kerbel garnieren. Sofort servieren.

Lindenhof
Salem

4 Koteletts vom Milchkalb (je etwa 200 g; beim Fleischer vorbestellen)

8–12 Scheiben Lardo di Colonnata (ersatzweise gewürzter Schweinerückenspeck)

800 g grobes Meersalz

2 Eiweiß

60 g grob geschroteter Pfeffer

1 ½ EL gehackte Rosmarinnadeln

einige Zweige Thymian und Rosmarin für die Garnitur

Niveau
★

Fertig in
0:45 Std.

KALBSKOTELETTS

IN PFEFFER-SALZ-KRUSTE

1. Die Koteletts mit den Speckscheiben umwickeln. Das Meersalz in eine große Schüssel schütten und mit den Eiweißen, dem Pfeffer und dem gehackten Rosmarin vermischen. Den Backofen auf 180 °C vorheizen.

2. Ein Backblech mit Backpapier belegen. Für jedes Kotelett ein entsprechend großes, etwa 1 cm dickes Salzbett auf das Backpapier streichen. Die mit Speck umwickelten Koteletts darauflegen und so mit der restlichen Salzmischung bedecken, dass jedes Kotelett ringsum von einer etwa 1 cm dicken Salzschicht umhüllt ist.

3. Die Koteletts im heißen Backofen (Mitte) 15 bis 20 Minuten garen, dann die Temperatur auf 80 °C reduzieren und das Fleisch noch 10 Minuten im Ofen ruhen lassen.

4. Die Koteletts im Salzmantel auf Tellern anrichten, mit ein paar Kräuterzweigen garnieren und servieren. Die Salzkruste erst am Tisch mit einem Messerrücken aufschlagen. Als Beilage passen Mangold, Blattspinat oder auch eine Peperonata gut.

Karree im Salzmantel

Sie können die Koteletts auch am Stück in Salz packen und garen. Dafür 800 g Milchkalbskarree mit Knochen in Speck einschlagen (die Knochen freilassen), und bei 180 °C im Ofen 35 bis 40 Minuten braten.

Hocharomatische Saucen entstehen aus Bratansatz und Röstgemüse, wenn man das Ganze mit Fond oder Wein ablöscht und dann etwas einkochen lässt.

SAUCEN – DIE KUNST DER VERFEINERUNG

SAUCEN SIND MEHR ALS REINE NEBENSACHE. VOR ALLEM IN DER FLEISCHKÜCHE VERDIENEN SIE VIEL AUFMERKSAMKEIT, DENN DER GUTE FLEISCHGESCHMACK LÄSST SICH DURCH SIE NOCH STEIGERN, UND EINE SELBST GEMACHTE SAUCE VERLEIHT ZARTEM FLEISCH ZUSÄTZLICHE RAFFINESSE.

Saucen aus dem Bratsatz

Beim langsamen Braten von Fleisch im Ofen löst sich die Frage nach der Sauce beinahe schon von selbst: Die entstandenen Röststoffe ergeben zusammen mit dem gewürfelten Gemüse (dem Röstgemüse) eine gute geschmackliche Grundlage. Daraus lässt sich, während der Braten vor dem Tranchieren noch eine Weile im warmen Ofen ruht, in wenigen Minuten eine ausgezeichnete Sauce zubereiten. Häufig gibt man etwas Fond hinzu, der dann beim Einkochen den Bratansatz löst und die Aromen von Fleisch und Gemüse, Kräutern und Gewürzen verbindet.

Eigenständige Saucen

Zwar lässt sich auch bei kurzgebratenem Fleisch der Bratansatz als Grundlage für eine Sauce verwenden, doch fehlt hier meist die nötige geschmackliche Dichte. Deshalb wird stattdessen eher eine eigenständige Sauce zubereitet, für die der Bratansatz mit verwendet werden kann. Als Basis für eigenständige Saucen bietet sich ein möglichst selbst gekochter Fond an oder ein Jus. Als Jus bezeichnen Profis einen reduzierten Fond, der durch mehrstündiges Kochen mit Knochen, Parüren, verschiedenem

Saucen sind das i-Tüpfelchen für gebratenes und geschmortes Fleisch. Oft dient der Bratansatz als aromatische Basis, genauso gut kann man aber auch eigenständige Saucen zum Beispiel mit einem Jus oder Fond zubereiten.

Gemüse und Gewürzen geschmacklich verdichtet ist. Den Aufwand für die Zubereitung eines guten Fonds oder Jus sollte man daher nicht scheuen, zumal sich beides sehr gut auf Vorrat herstellen und portionsweise tiefkühlen lässt.

Die perfekte Bindung

Saucen mit Sahne zu verfeinern, ist eine klassische und beliebte Methode, eine Sauce zu binden. In Frage kommen hierfür neben Sahne auch Crème fraîche oder Crème double, je nachdem, welche Geschmacksrichtung und Sämigkeit erwünscht ist. Wird eine Sauce stark reduziert und soll der Geschmack pur erhalten bleiben, kann auf eine weitere Bindung verzichtet werden. Profis verfeinern eine solche Sauce vor dem Servieren oft noch durch das Einrühren von ein paar Stückchen kalter Butter –»montieren« heißt das im Fachjargon. Angenehm leicht sind Sabayons, eine Saucenvariante, bei der die Bindung auf Ei beruht. Die Saucenbasis (meist eine Reduktion) wird hierfür mit Eigelb oder einer Mischung aus Eigelb und Ei auf einem warmen Wasserbad luftig aufgeschlagen.

Welche Sauce passt wozu?

Saucen sollen den Eigengeschmack des Fleisches unterstreichen oder ergänzen und keinesfalls überdecken. Achten Sie deshalb bei der Auswahl einer Sauce auch auf die Fleischart und die verwendete Garmethode. Eine mediterrane Sauce mit Kräutern und Knoblauch passt beispielsweise gut zu gebratenem Lamm, während eine Rotweinsauce bestens zu Rinderbraten schmeckt und eine Sauce mit fruchtiger Note (z. B. eine Orangensauce) mit hellem Fleisch wie Schwein oder Kalb harmoniert.

Tipp

Zu Gegrilltem passen pikante Würzsaucen oder fruchtige Chutneys und Dips. Gekochtes Fleisch harmoniert mit Saucen auf Meerrettich- und Kräuterbasis, und zu Gebratenem passen je nach Fleischsorte milde oder kräftige Saucen mit Pfeffer, Pilzen oder asiatischen Gewürzen.

100 g frische oder 15 g getrocknete Steinpilze

8 Kalbsfiiletmedaillons (je etwa 80 g)

1 Schalotte

1 Knoblauchzehe

20 g Butterschmalz

Salz

frisch gemahlener Pfeffer

1 EL gehackte Petersilie

1 Scheibe Weißbrot

70 g weiche Butter

1 Eigelb

1 Zweig Thymian oder Rosmarin

Niveau

★★

Fertig in

1:00 Std.

KALBSMEDAILLONS

MIT STEINPILZEN

1. Falls getrocknete Steinpilze verwendet werden, diese für 30 Minuten in Wasser einweichen. Frische Steinpilze putzen und in 1 cm große Stückchen schneiden. Die Kalbsmedaillons mit Küchenpapier trocken tupfen.

2. In jedes Kalbsmedaillon für die Füllung mit einem Wetzstahl ein Loch durchstechen. Dafür die Medaillons hochkant auf der Arbeitsfläche halten und mit einem Wetzstahl parallel zur Faser ein Loch durch die Mitte der Fleischscheiben stechen (siehe Abb. Seite 189).

3. Die Schalotte und den Knoblauch schälen. Die Schalotte fein würfeln und den Knoblauch mit einem Messerrücken andrücken. Die eingeweichten getrockneten Steinpilze (falls verwendet) gut ausdrücken

4. Die Hälfte des Butterschmalzes in einer Pfanne erhitzen und die Steinpilze darin kräftig unter Wenden anbraten. Die angedrückte Knoblauchzehe und die Schalottenwürfel hinzufügen und kurz mitbraten. Die Pilzmischung salzen, pfeffern und aus der Pfanne nehmen. Die Petersilie untermischen und die Knoblauchzehe entfernen.

5. Das Weißbrot entrinden und mit einem schweren Kochmesser oder im Blitzhacker in feine Brösel zerkleinern. In einer Schüssel 50 g weiche Butter schaumig schlagen. Das Eigelb, die Weißbrotbrösel und die Steinpilzmischung dazugeben und alles gut vermengen.

➡

Zum Füllen die Medaillons flach auf die Arbeitsfläche legen und vorsichtig etwas Pilzmasse in die Löcher drücken – nicht zu fest hineinpressen, damit die Füllung nicht herausquillt.

6. Die Masse in einen Spritzbeutel mit Lochtülle (1 cm ø) füllen und in die vobereiteten Medallions spritzen, wie in der Abb. oben gezeigt und beschrieben.

7. Den Backofen auf 180 °C vorheizen. Das restliche Butterschmalz in einer ofenfesten Pfanne erhitzen und die gefüllten Medaillons darin jeweils auf beiden Schnittflächen kurz anbraten. Die Pfanne vom Herd nehmen und in den heißen Ofen (Mitte) schieben.

8. Die Medaillons im Ofen etwa 5 Minuten garen. Anschließend die Pfanne aus dem Ofen nehmen, die Medaillons auf eine Platte geben und im ausgeschalteten Ofen 3 Minuten ruhen lassen.

9. Inzwischen die restliche Butter in der Pfanne aufschäumen lassen, dabei den Bratansatz vom Pfannenboden lösen und den Thymian- oder den Rosmarinzweig in die aufgeschäumte Butter geben.

10. Die Medaillons in die Kräuterbutter legen und auf beiden Seiten nur etwa 20 Sekunden schwenken. Zum Servieren die Medaillons nach Belieben einmal quer halbieren (so entstehen zwei dünnere Scheiben), auf vorgewärmten Tellern anrichten und mit der Kräuterbuttersauce begießen. Mit Petersiliennudeln oder Kartoffelgratin und gebratenen Steinpilzen servieren.

Für die Kalbsniere

400 g Milchkalbsniere
3–4 EL Öl
Salz
frisch gemahlener Pfeffer

Für die Sauce

4 Schalotten
1 säuerlicher Apfel
1 Zweig Estragon
100 ml Cidre- oder Apfelessig
150 ml Cidre oder Apfelsaft
200 g kalte Butter
Salz
frisch gemahlener Pfeffer
½ EL grober Senf (Moutarde de meaux)
2 EL steif geschlagene Sahne

Niveau
★★★

Fertig in
3:30 Std.

KALBSNIERCHEN

MIT APFEL UND GROBEM SENF

1. Die Kalbsniere vom äußeren Fett und der Außenhaut befreien; dann 3 Stunden wässern, dabei das Wasser mehrmals wechseln. Die Niere aus dem Wasser nehmen und trocken tupfen. Nun längs halbieren und das sichtbare innen liegende Fett und die Nierenstränge entfernen. Die Kalbsniere quer in dünne Scheiben schneiden.

2. Für die Sauce die Schalotten schälen und sehr fein würfeln. Den Apfel schälen. Vom Estragon die Blätter abstreifen und in feine Streifen schneiden; beiseitelegen. In einer Kasserolle den Essig mit den Schalotten aufkochen und den Essig um die Hälfte reduzieren.

3. Nun den Cidre oder Apfelsaft dazugießen und den Apfel dazureiben. Nochmals alles um die Hälfte einkochen lassen. Inzwischen die Butter würfeln. Die Kasserolle vom Herd nehmen und die kalten Butterwürfel mit einem Schneebesen unter die Sauce schlagen. Die Sauce mit Salz und Pfeffer abschmecken und warm halten.

4. Das Öl in einer Pfanne erhitzen und die Nierenscheibchen darin portionsweise anbraten. Mit Salz und Pfeffer würzen, noch kurz weiterbraten, herausnehmen und auf Küchenpapier abtropfen lassen.

5. Senf und Estragon unter die Sauce ziehen und die geschlagene Sahne unterheben. Die Nierchen auf vorgewärmten Tellern anrichten und mit der Sauce überziehen. Nach Belieben mit Estragonblättern garnieren. Dazu passen glasierte Apfelscheiben, in Olivenöl geschwenkter Blattspinat oder blanchierter Wirsing.

Innereien würzen

Da Innereien wie Leber und Nieren schnell trocken und zäh werden, sollten Sie sie nicht vor dem Anbraten, sondern immer erst sofort nach dem Braten noch in der Pfanne würzen.

350 g Kalbsbries
Salz
frisch gemahlener Pfeffer
3 EL Zitronensaft
100 g Mehl
1 Ei
100 g Semmelbrösel
100 g Butterschmalz zum Ausbacken
Zitronenschnitze und Petersilie zum Garnieren

Niveau
★★

Fertig in
0:40 Std.

KALBSBRIES
IN SEMMELBRÖSELKRUSTE

1. Das Kalbsbries 1 Stunde in kaltem Wasser wässern, das Wasser zwischendurch immer wieder erneuern. Anschließend das Bries mit kochendem Wasser überbrühen und darin kurz ziehen lassen; herausnehmen und gut abtropfen lassen.

2. Das Bries von allen Häuten und Äderchen befreien. (Wer möchte, kann es zwischen zwei Teller legen, den oberen beschweren und das Bries im Kühlschrank abkühlen lassen. Auf diese Weise wird es flacher und man erhält im nächsten Schritt dünnere Scheiben.)

3. Das durchgekühlte Bries quer in Scheiben schneiden und mit Salz, Pfeffer und Zitronensaft würzen. Mehl, Ei und Semmelbrösel jeweils auf einen Teller geben. Das Ei verschlagen. Die Briesscheiben zum Panieren zuerst in Mehl wenden, dann durch das verquirlte Ei ziehen und zuletzt in den Semmelbröseln wälzen, die Brösel dabei leicht andrücken.

4. Das Butterschmalz in einer Pfanne erhitzen und die Briesscheiben darin auf jeder Seite je nach Dicke 2 bis 3 Minuten goldgelb ausbacken. Aus dem Fett heben und auf Küchenpapier abtropfen lassen.

5. Die knusprig ausgebackenen Briesscheiben mit Zitronenschnitzen und Petersilie auf Tellern anrichten. Am besten passt dazu ein knackiger Kopfsalat.

Von Feinschmeckern geschätzt

Das 250 bis 300 g schwere Kalbsbries oder die Kalbsmilch ist sehr zart und hat einen feinen Geschmack, weshalb diese Innerei unter Kennern sehr begehrt ist. Es handelt sich um die Thymusdrüse des Kalbs, die im vorderen Bereich der Brust sitzt und sich bei ausgewachsenen Tieren zurückbildet. Kalbsbries kann gekocht, gedünstet, geschmort, in Scheiben gebraten, gegrillt oder (wie in diesem Rezept) ausgebacken werden.

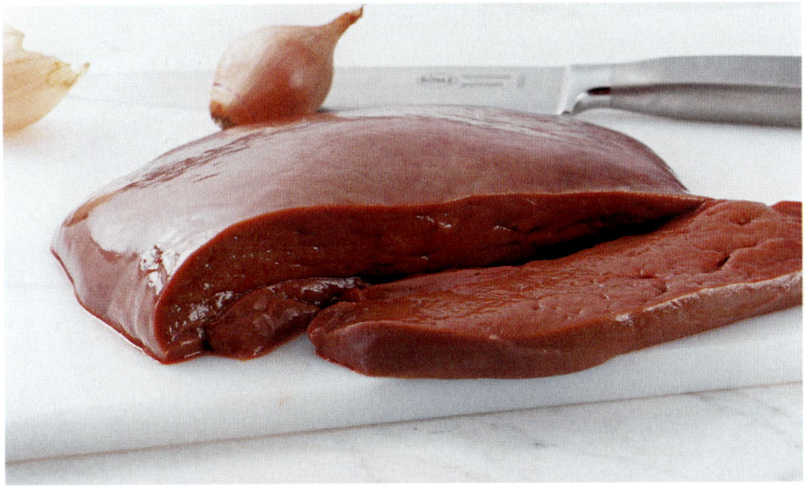

Kalbsleber ist heller in der Farbe, zarter in der Konsistenz und feiner im Geschmack als Rinderleber. Sie gehört zu den teuersten Innereien.

INNEREIEN – EINE ECHTE DELIKATESSE

SEIT JEHER STEHEN DIE ZARTEN INNEREIEN VON LAMM, KALB UND ZICKLEIN BEI KENNERN HOCH IM KURS. INSBESONDERE LEBER, BRIES UND NIERE, ABER AUCH ZUNGE UND HERZ SIND VON FEINSCHMECKERN GESCHÄTZTE SPEZIALITÄTEN.

Die Vorbereitung

Viele Innereien wie etwa Nieren oder Bries benötigen eine spezielle Vorbereitung, damit sie ihren Geschmack optimal entfalten können. Vor allem Wässern oder auch das Einlegen in Milch stehen hier ganz oben auf der Liste, um den kräftigen bis leicht strengen Geschmack von Rinderleber oder Schweinenieren etwas abzumildern. Ein Übriges tut die Würzung. Nicht von ungefähr werden Innereien wie Nieren, Kutteln oder Lunge traditionell sauer, also mit einem Schuss Essig versehen, serviert.

Schnell gebraten, gegrillt und geschmort

Zarte Innerereien wie Leber werden meist in Scheiben oder Streifen geschnitten und nur kurz in der Pfanne gebraten. Wichtig ist dabei (wie übrigens bei allen kurzgebratenen Innereien), dass sie immer erst nach dem Braten gewürzt wird. Denn Salz entzieht dem Gewebe Wasser und die Leber würde sonst trocken und hart. Auch sollte man Leber und Nieren nicht zu dünn schneiden, sie vertragen beide nämlich nicht allzu viel Hitze, weshalb auch das Köcheln in einer Sauce vermieden werden sollte. Innereien mit kräftigem Fleisch (Herz) werden durch Schmoren schön weich. Zum Grillen am Spieß ist das Herz ebenfalls gut geeignet, ebenso wie gewürfelte Niere oder

Innereien wie Zunge brauchen mehrere Stunden an Garzeit, bis sie zu einer zarten Delikatesse werden.

Leber. Wichtig dabei ist, dass die Innereien und die restlichen Zutaten alle in etwa gleich groß sind.

Lange Garzeiten

Andere Innereien wie Zunge, Kutteln oder Lunge werden erst einmal gekocht – und zwar relativ lange – bevor sie dann je nach Rezept weiterverarbeitet werden können. Im Gegensatz zu Lunge sind Kutteln meist schon vorgekocht erhältlich. Dadurch verkürzt sich die Garzeit um immerhin 5 bis 6 Stunden. Nicht ganz so viel, aber immer noch zwischen 1 und 3 Stunden, sparen können Sie, wenn Sie die Zunge von Rind oder Kalb gekocht oder – je nach Rezept – auch gepökelt und gekocht beim Fleischer vorbestellen.

Wirklich unbedenklich?

Innereien kann man mit Ausnahme von Hirn, das zum BSE-spezifischen Risikomaterial zählt, mit gutem Gewissen essen. Vor allem die Innereien jüngerer Tiere sind relativ schadstoffarm und zart, weshalb sie vorzugsweise für die Zubereitung gewählt werden sollten. Täglich gehören sie dennoch nicht auf den Tisch.

Im Sud erkalten lassen

Manche Innereien wie beispielsweise die Lunge oder auch das Herz sollten Sie nach dem Garen im Kochsud erkalten lassen, sonst werden sie trocken, hart und zäh oder (wie bei der Lunge) ziemlich unansehnlich.

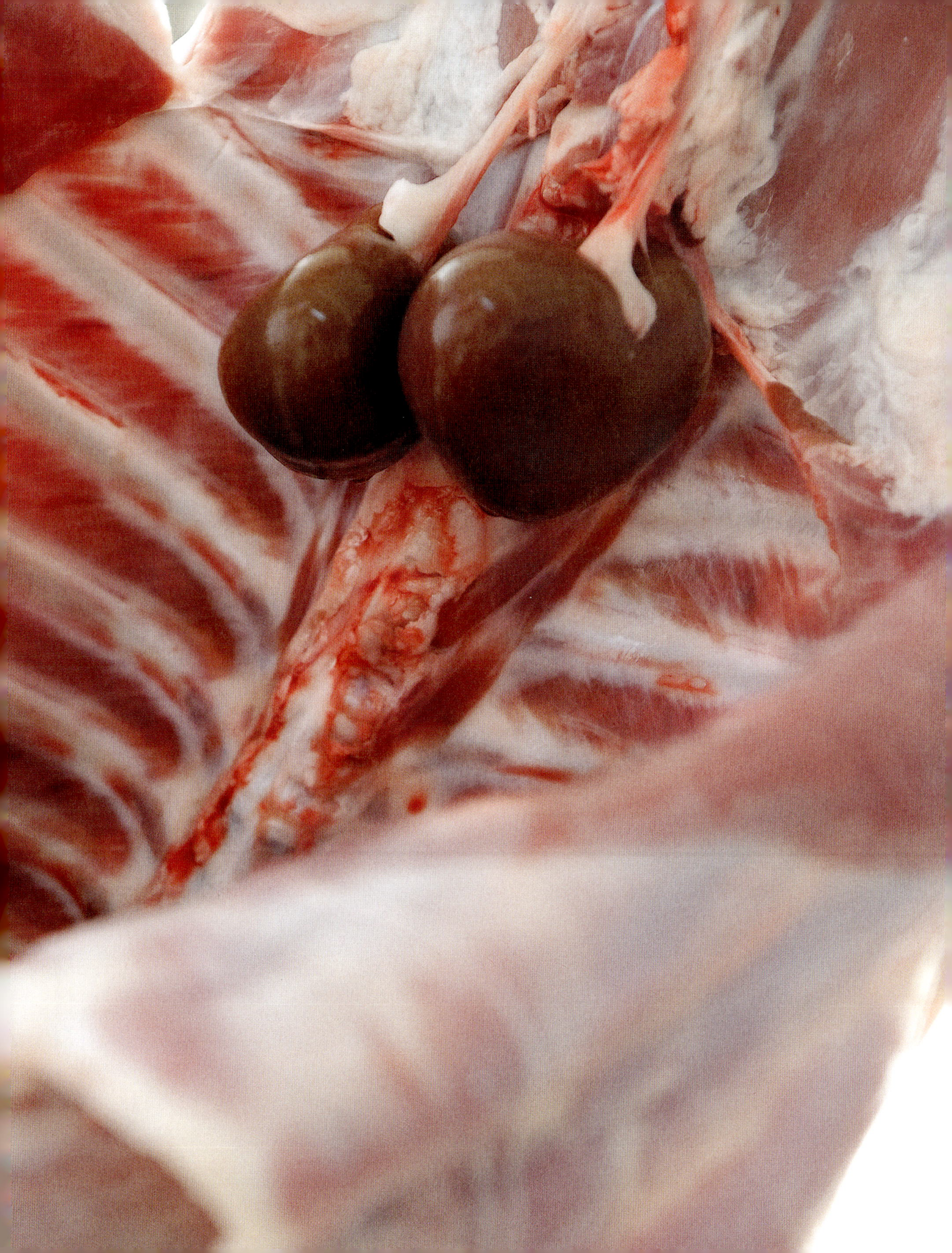

Für die Röstzwiebeln

500 g Zwiebeln

4 EL Öl

50 g Butter

Für das Fleisch

4 Scheiben vom hohen Roastbeef (je etwa 200 g)

2 EL Öl

Salz

frisch gemahlener Pfeffer

30 g Butter

150 ml trockener Rotwein

100 ml Kalbsjus

Niveau

★

Fertig in

0:45 Std.

ROSTBRATEN

MIT RÖSTZWIEBELN

1. Für die Röstzwiebeln die Zwiebeln schälen und in 1 mm dünne Ringe schneiden. Öl und Butter in einer großen Pfanne erhitzen und die Zwiebelringe darin unter ständigem Wenden bei schwacher bis mittlerer Hitze in 15 bis 20 Minuten goldgelb und kross braten. Aus der Pfanne nehmen und auf Küchenpapier entfetten.

2. Den Backofen auf 60 °C vorheizen. Die Fleischscheiben zwischen Frischhaltefolie legen und plattieren bzw. flach drücken, bis sie überall etwa 1 cm dick sind. Den Fettrand bei jeder Scheibe mehrmals einschneiden, damit sich das Fleisch beim Braten nicht aufwölbt.

3. Das Öl in einer Pfanne erhitzen und das Fleisch darin bei starker Hitze auf beiden Seiten etwa 30 Sekunden anbraten. Die Hitze reduzieren, das Fleisch salzen und pfeffern; die Butter hinzufügen. Die Steaks bis zum gewünschten Gargrad (siehe Seite 206) fertig braten. Aus der Pfanne heben und im Ofen ruhen lassen.

4. Den Bratansatz mit dem Rotwein ablöschen und auf ein Drittel reduzieren. Den Kalbsjus und etwa 100 ml Wasser dazugießen und kurz aufkochen lassen.

5. Die Sauce mit Salz und Pfeffer abschmecken und durch ein feines Sieb in eine Kasserolle gießen. Den Rostbraten mit den Röstzwiebeln auf vorgewärmten Tellern anrichten, mit der Sauce umgießen und sofort servieren. Spätzle oder Schupfnudeln passen gut dazu.

Entrecôte klassisch

Entrecôte aus der Zwischenrippe gehört neben dem Filet zum zartesten Fleisch, das das Rind zu bieten hat. Für ein Entrecôte nature brauchen Sie pro Person 200 g aus dem Mittelteil der Zwischenrippe. Braten Sie es in reichlich Öl pro Seite je 1 Minute stark an, reduzieren Sie die Hitze, würzen Sie das Fleisch und fügen Sie einen guten Stich Butter hinzu. Übergießen Sie während des Bratens das Fleisch immer wieder mit dem Bratfett und braten Sie es bis zum gewünschten Gargrad. Tipp: Je dicker das Fleisch, desto zarter, weshalb man für 2 Personen ein Entrecôte double von 400 bis 500 g am Stück grillt oder brät und quer zur Faser aufschneidet.

Für den Krautsalat

350 g Spitzkohl

Salz

150 g Schalotten

5 EL Walnussöl

2 EL Himbeeressig

4 EL süßsaure Chilisauce

100 g Thai-Mangofruchtfleisch

80 g reifes Ananasfruchtfleisch

Currypulver

1 Prise Zucker

Für die Curry-Butter

2 Schalotten

3 cm frischer Ingwer

4 Stängel Koriandergrün

Szechuan-Pfeffer

½ unbehandelte Limette

150 g weiche Butter

15 g Ingwernüsse in Sirup

1 EL Ingwersirup

1 Msp. Dijonsenf

1 TL gemahlene Kurkuma

1 EL Kastanienhonig

½ TL Currypulver

15 g schwarze und helle Sesamsamen

2 EL Kalbsjus

4 EL trockener Rotwein

8 EL Madeira

Salz

frisch geriebene Muskatnuss

Für die Kartoffeln

800 g festkochende Kartoffeln (z. B. La Ratte oder Bamberger Hörnchen)

2 Zweige Rosmarin

2 Zweige Thymian

120 ml Olivenöl

2 Knoblauchzehen, angedrückt

Salz

frisch gemahlener Pfeffer

Für das Steak

2 kg American T-Bone-Steak am Stück, etwa 10 cm dick (beim Fleischer vorbestellen)

Salz, frisch gemahlener weißer Pfeffer

3–4 EL Rapsöl

Niveau

★★

Fertig in

14:00 Std.

T-BONE-STEAK

MIT CURRY-BUTTER

1. Am Vortag für den Krautsalat den Spitzkohl vom Strunk befreien, in etwa 3 mm breite Streifen schneiden oder hobeln und in eine große Schüssel geben. Mit 1 bis 2 EL Salz bestreuen und durchkneten. Das Kraut zugedeckt etwa 12 Stunden durchziehen lassen.

2. Am nächsten Tag für den Salat die Schalotten schälen und längs in feine Streifen schneiden. Mit Walnussöl, dem Himbeeressig und der süßsauren Sauce gründlich unter das Kraut mengen. Das Mango- und Ananasfruchtfleisch in feine Streifen schneiden und untermischen. Den Salat mit Currypulver und Zucker abschmecken.

3. Für die Curry-Butter die Schalotten schälen und fein würfeln. Den Ingwer schälen und fein reiben. Das Koriandergrün kalt abbrausen, trocken tupfen, die Blättchen abzupfen und diese fein schneiden. Den Szechuan-Pfeffer im Mörser grob zerstoßen. Von der Limette die Schale abreiben und den Saft auspressen.

4. Die Schalottenwürfel in etwas Butter glasig dünsten. Die restliche Butter schaumig schlagen. Ingwer, Ingwernüsse und Ingwersirup, Schalotten, Senf, Kurkuma, Honig, Currypulver, abgeriebene Schale und etwas Limettensaft unterrühren.

5. Die gewürzte Butter mit Koriandergrün, Sesam, Kalbsjus, Rotwein sowie Madeira verfeinern und mit Salz, Muskat und Szechuan-Pfeffer abschmecken. Die Curry-Butter in Pergamentpapier zu Rollen formen und im Kühlschrank fest werden lassen.

6. Den Backofen auf 150 °C vorheizen. Für die Country Potatoes die Kartoffeln unter fließendem Wasser gründlich abbürsten. Rosmarin und Thymian kalt abbrausen und trocken schütteln, Blätter und Nadeln von den Zweigen streifen und grob hacken.

➡

Ein T-Bone-Steak wird aus dem Roastbeef geschnitten. Wie alle Roastbeefsteaks liefert es schön marmoriertes Fleisch und eignet sich vorzüglich zum Kurzbraten und Grillen.

7. Anschließend im tiefen Backblech oder einer entsprechenden ofenfesten Form die Kartoffeln mit Olivenöl, Rosmarin, Thymian und Knoblauch mischen; salzen und pfeffern. Die Kartoffeln im vorgeheizten Ofen 30 bis 35 Minuten backen. Blech oder Form aus dem Ofen nehmen und die Kartoffeln mit Alufolie zudecken.

8. Die Backofentemperatur auf 180 °C Umluft erhöhen. Das T-Bone-Steak mit Salz und Pfeffer bestreuen. Das Öl in einer schweren ofenfesten Pfanne erhitzen und das Steak auf dem Herd rundherum goldbraun anbraten. Danach die Pfanne in den vorgeheizten Ofen stellen und das Steak in 35 bis 40 Minuten medium garen. In den letzten 5 Minuten der Garzeit die abgedeckten Kartoffeln mit in den Ofen schieben.

9. Die Curry-Butter in Scheiben schneiden. Das Steak quer in dünne Scheiben schneiden und mit der Würzbutter, dem Krautsalat und den Kartoffeln servieren.

Café-de-Paris-Butter

Die Curry-Butter, die zum T-Bone-Steak serviert wird, erinnert an die berühmte Buttermischung Café-de-Paris, die ein Restaurantbetreiber in Genf erfand. Die Rezeptur vererbte er in den 1930er-Jahren seiner Tochter, die den Besitzer des »Café de Paris«, Monsieur Dumont, heiratete. Die einstige Brasserie wandelte sich bald zum Restaurant und ist es bis heute geblieben. Auf der Speisekarte in der Rue du Mont Blanc 26 steht bis heute nur ein einziges Gericht: »Entrecôte Café de Paris«. Die fein komponierte Würzbutter wurde schnell zum großen Erfolg und fand zahlreiche Nachahmer. Je nach Rezept sollen bis zu 24 Zutaten unter die schaumige Butter gerührt werden. Mit dabei sind meist Schalotten, Kräuter, Knoblauch, Sardellen, Curry- und Paprikapulver, Ketchup, Dijonsenf und Cognac oder Madeira. Ganz genau weiß das aber niemand, denn das Originalrezept lagert bis heute als gut gehütetes Geheimnis im Tresor des »Café de Paris«.

Für die Sauce

300 g Sahne

100 ml Guaven- oder Birnensaft

2 EL getrocknete Eukalyptusblätter (im Kräuter- oder Teeladen erhältlich)

500 g junger Löwenzahn (gelbe oder grüne Sorte)

1 rote Zwiebel

1 EL Öl

20 g Pinienkerne

Salz, Zucker

Für die Medaillons

4 Rindermedaillons (je 140 g)

1 EL Oliven- oder Vanillesalz

2 EL Olivenöl

20 g Butter

2 Zweige Rosmarin

2 Knoblauchzehen, geschält

1 EL Schnittlauchröllchen

Fleur de Sel zum Bestreuen

Niveau ★

Fertig in 0:30 Std.

RINDERMEDAILLONS

MIT EUKALYPTUSSAUCE UND LÖWENZAHN

1. Für die Eukalyptussauce Sahne und Guaven- oder Birnensaft aufkochen und 5 Minuten köcheln lassen. Die Eukalyptusblätter mit der Sahne-Saft-Reduktion übergießen und die Mischung abkühlen lassen. In der Zwischenzeit den Löwenzahn waschen, trocken schleudern und die Stängel grob zerkleinern.

2. Den Backofen auf 200 °C vorheizen. Die Rindermedaillons mit Küchenpapier trocken tupfen und mit Oliven- oder Vanillesalz würzen. (Ersatzweise eine Mischung aus 1 EL Fleur de Sel und 1 Msp. Vanillemark nehmen.)

3. Das Öl in einer großen ofenfesten Pfanne erhitzen und und die Steaks darin auf jeder Seite 1 Minute anbraten. Die Pfanne vom Herd nehmen, in den vorgeheizten Ofen stellen und die Medaillons in etwa 8 Minuten fertig garen. Herausnehmen, das Fleisch in Alufolie einschlagen und 5 Minuten ruhen lassen.

4. Inzwischen für die Sauce die Zwiebel schälen und fein würfeln. In einer Pfanne das Öl erhitzen. Die Zwiebelwürfel und die Pinienkerne darin kurz braten.

5. Die Eukalyptussahne durch ein Sieb zur Zwiebel-Pinienkern-Mischung gießen. Die Sauce mit Salz und Zucker würzen und 2 Minuten bei schwacher Hitze ziehen lassen, dann den Löwenzahn hinzufügen und alles noch 2 Minuten ziehen lassen.

6. Das Fleisch aus der Folie nehmen. Die Butter in der Pfanne aufschäumen lassen und die Filets mit Rosmarin und Knoblauch 2 Minuten darin schwenken. Die Eukalyptussauce mit dem Löwenzahn auf vorgewärmten Tellern verteilen, die Rindermedaillons darauf anrichten, mit Schnittlauch und Fleur de Sel bestreuen und servieren.

Mit Schwarzem Tee

Das frische Aroma getrockneter Eukalyptusblätter können Sie durch die etwas herbe Note von Schwarzem Tee ersetzen. Dazu 2 EL Schwarzteeblätter mit der Guaven- bzw. Birnensahne übergießen und das Ganze nicht zu lange ziehen lassen – die Schwarzteesahne könnte sonst bitter werden.

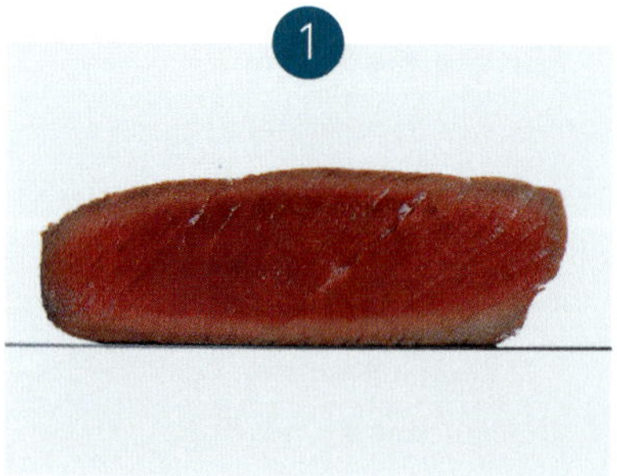

1. Garstufe: Rare, bleu, stark blutig. Das Filetsteak ist innen noch blutig, der Fleischsaft dunkelrot, und die Kerntemperatur beträgt 45 bis 47 °C.
2. Garstufe: Medium rare, saignant, blutig. Das Steak ist nur in der Mitte noch blutig, der Fleischsaft rötlich, und die Kerntemperatur beträgt 50 bis 52 °C.

STEAKS PERFEKT BRATEN

AUSSEN GEBRÄUNT, INNEN ROSA

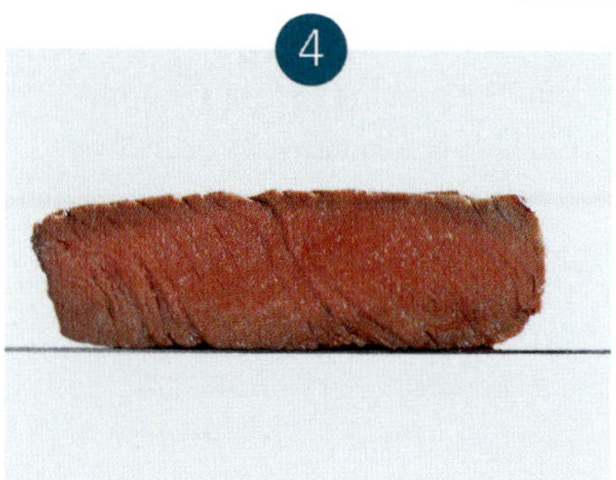

3. Garstufe: Medium, a point, mittel, halbdurch. Der Steakkern ist rosa, die Kerntemperatur beträgt 60 °C. 4. Garstufe: Well done, bien cuit, ganz durch: Das Steak ist durchgebraten, die Kerntemperatur liegt bei 70 bis 85 °C.

Erfolgsentscheidend ist zunächst das rasche Anbraten der Steaks bei starker Hitze, damit sich die Poren schließen und sich eine schützende Kruste bilden kann. Darauf folgt weiteres Braten bei schwächerer Hitze unter gelegentlichem Wenden.

Nicht zu kühl

Das Fleisch 1 Stunde vor dem Braten aus dem Kühlschrank nehmen, damit es Raumtemperatur annimmt. Außerdem sollten Steaks vor dem Braten trocken sein, dafür diese am besten mit Küchenpapier abtupfen.

Welches Fett?

Prinzpiell sind alle hoch erhitzbaren Fette geeignet. Öl ebenso wie Butterschmalz. Für einen besonders feinen Geschmack ist eine Mischung aus Öl und Butter zu empfehlen. Erst wird das Fleisch bei starker Hitze in Öl angebraten, dann kommt bei schwächerer Hitze ein Stück Butter hinzu.

Welche Pfanne?

Viele Profis schwören auf schwere Pfannen aus Eisen oder Gusseisen, aber auch Pfannen aus Edelstahl oder Aluguss eignen sich gut zum Kurzbraten. Neben dem Material spielt vor allem auch die Größe der Pfanne eine Rolle: die Steaks sollten nebeneinander liegend hineinpassen.

Wann ist das Steak gar?

Das lässt sich leicht mit den Fingern überprüfen: Ein blutiges Steak ist weich und gibt auf Finger- oder Daumendruck nach. Fühlt es sich in der Mitte noch elastisch an und wird zum Rand hin fester, ist es medium. Und ist es durchgebraten (well done) gibt ein Steak auf sanften Druck kaum mehr nach.

Aufs Timing kommt es an, damit ein Steak in der Pfanne schön bräunt, innen den gewünschten Gargrad erreicht und insgesamt wunderbar zart wird. Kräuter wie Rosmarin, Thymian und Knoblauch bringen mediterrane Aromen. Sie werden, genau wie Pfeffer und Salz, erst nach dem Anbraten in letzter Minute zu den Steaks gegeben.

600 g Rinderrücken
4 EL helle Sojasauce
1 EL Palmzucker oder brauner Zucker
Salz
2 Knoblauchzehen
3 rote Paprikaschoten
8 Frühlingszwiebeln
1 kleine rote Chilischote
3 EL Erdnussöl
1–2 TL Sesamöl
2 EL Austernsauce
frisch gemahlener Pfeffer
1–2 TL Speisestärke, nach Belieben
je 1 TL geröstete schwarze und weiße Sesamsamen
1 EL fein geschnittenes Koriandergrün, nach Belieben

Niveau
★

Fertig in
0:50 Std.

SHREDDED BEEF

RINDFLEISCH AUS DEM WOK

1. Das Fleisch in 5 cm lange und 5 mm breite Streifen schneiden. In einer Schüssel die Sojasauce mit dem Palmzucker sowie ½ TL Salz verrühren. Die Fleischstreifen hinzufügen und unter die Marinade mischen; etwa 30 Minuten im Kühlschrank durchziehen lassen.

2. Inzwischen den Knoblauch schälen und sehr fein hacken. Die Paprikaschoten putzen, waschen und in 5 mm breite Streifen schneiden. Die Frühlingszwiebeln waschen, putzen und in 1 cm lange Stücke schneiden. Die Chilischote längs aufschneiden, entkernen, waschen und fein zerkleinern.

3. Die Fleischstreifen aus der Marinade heben, abtropfen lassen und mit Küchenpapier gut trocken tupfen. Im Wok oder einer hochwandigen Pfanne das Öl erhitzen und das Fleisch darin portionsweise bei starker Hitze unter Rühren anbraten; herausnehmen und beiseitestellen.

4. Die Knoblauch- und Chilistückchen in Wok oder Pfanne geben und im verbliebenen Öl anbraten. Die Paprikastreifen hinzufügen und unter Rühren 1 Minute mitbraten. Nun die Frühlingszwiebeln dazugeben und alles noch 1 weitere Minute unter Rühren braten.

5. Das Gemüse mit Sesamöl, Austernsauce und Pfeffer würzen. Das angebratene Fleisch untermischen. Nach Belieben das Gericht mit ein wenig Speisestärke binden, dadurch wird es etwas sämiger und erhält einen schönen Glanz. Dafür die Speisestärke mit etwas Wasser anrühren, unter Rühren unter Gemüse und Fleisch mischen und das Ganze noch 2 Minuten kochen lassen.

6. Das Shredded Beef erneut kurz durchschwenken. Auf Tellern oder in Schalen anrichten und mit geröstetem Sesam sowie nach Belieben mit etwas Koriandergrün bestreuen. Als Beilage schmecken Reisnudeln oder Duftreis.

500 g Rinderfilet
200 g Weißkohl
3 Möhren
1 Stange Lauch
1 Bund Frühlingszwiebeln
1 orange und 1 gelbe Paprikaschote
200 g Zuckerschoten
30 g Sojasprossen
30 g Shiitakepilze
1 rote Chilischote
3 EL Sesamöl
8 EL Kalbsjus
6 EL Ketjap Manis
6 EL Sojasauce
4 cl Sherry
Fischsauce
Szechuan-Pfeffer
frisch gemahlener Pfeffer
1 EL fein geschnittenes Koriandergrün, nach Belieben

Niveau
★

Fertig in
0:50 Std.

RINDERFILET
MIT WOK-GEMÜSE

1. Das Rinderfilet trocken tupfen und in etwa 3 mm dünne Scheiben schneiden. Den Weißkohl, die Möhren, den Lauch, die Frühlingszwiebeln, die Paprikaschoten und die Zuckerschoten putzen bzw. schälen und waschen. Alles Gemüse jeweils getrennt voneinander in feine Streifen (Julienne) schneiden.

2. Die Sojasprossen in einem Sieb abbrausen und gut abtropfen lassen. Von den Shiitakepilzen die Stiele etwas kürzen. Die Chilischote längs aufschlitzen, entkernen, waschen und klein schneiden.

3. Im Wok oder einer hochwandigen Pfanne das Sesamöl erhitzen. Die Filetscheiben darin portionsweise bei starker Hitze unter Rühren rasch anbraten; herausnehmen und beiseitestellen.

4. Zuerst den Kohl, dann Möhren, Lauch, Frühlingszwiebeln, Paprika, Zuckerschoten und zum Schluss die Sojasprossen in den Wok geben und im verbliebenen Fett unter Rühren bissfest braten. Alles Gemüse herausnehmen und beiseitestellen.

5. Nun die Pilze in Wok oder Pfanne geben und ebenfalls unter Rühren braten. Chilistückchen hinzufügen und kurz mitbraten. Das Gemüse dazugeben und alles unter Rühren erhitzen. Mit Kalbsjus, Ketjap Manis, Sojasauce und Sherry ablöschen und mit Fischsauce und den beiden Pfeffersorten würzen.

6. Zum Schluss das Fleisch hinzufügen, kurz erwärmen und alles gut vermischen. Die Rinderfiletscheiben mit dem Gemüse auf Tellern anrichten und nach Belieben mit Koriandergrün garnieren. Als Beilage empfiehlt sich gegarter oder gebratener Basmatireis. Für Letzteren sollten Sie den Reis bereits am Vortag kochen oder übrigen gekochten Reis verwenden.

Garen im Wok

Gegenüber der Pfanne kann man im Wok bereits gegarte Stücke am gewölbten Rand hochschieben, damit sie nicht mehr weiterbraten, sondern nur noch warm gehalten werden. Inzwischen können im heißen Zentrum weitere Zutaten wie Gemüse und Saucen braten oder köcheln.

Das Kurzbraten im Wok heißt auch »Pfannenrühren«. Dabei wird das klein geschnittene Fleisch ständig in Bewegung gehalten, damit es nicht verbrennt.

KURZBRATEN IN WOK UND PFANNE

IN DÜNNE SCHEIBEN UND STREIFEN GESCHNITTENES FLEISCH IST ZUM SCHNELLEN BRATEN BEI STARKER HITZE GENAU DAS RICHTIGE. OB DAFÜR EINE PFANNE MIT SCHWEREM BODEN, DER DIE HITZE GUT LEITET, ODER EIN WOK MIT SCHRÄG ABFALLENDEN WÄNDEN VERWENDET WIRD, HÄNGT VOM JEWEILIGEN REZEPT AB.

Das Anbraten

Starke Hitze zu Beginn des Bratvorgangs ist die erste Voraussetzung dafür, dass Röststoffe entstehen können und sich die Fleischporen rasch schließen, damit kein Fleischsaft mehr austreten kann. Die Röststoffe steuern zusätzliches Aroma bei und die dünne Kruste sorgt dafür, dass das Fleisch im Inneren saftig bleibt. Das Anbraten erfolgt nach denselben Regeln wie das Braten von Steaks (siehe Seite 206). Beachten Sie zudem, dass während des Bratens die Oberfläche des Fleisches nicht verletzt werden sollte, indem man sie beispielsweise zum Wenden mit einer Gabel einsticht. Besser geeignet dafür sind Bratenwender aus Holz oder Metall oder auch einfach eine Küchenzange.

Wie entstehen Röstaromen?

Beim Anbraten von Fleisch bildet sich eine braune Kruste. Fachleute sprechen in diesem Zusammenhang von der »Maillard-Reaktion«. Dabei verbinden sich bei starker Hitze an der Fleischoberfläche Eiweißbestandteile (Aminosäuren) und Zuckermoleküle. Die entstehenden Röststoffe (Melanoide) bilden die Kruste und

Medaillons (in Scheiben geschnittenes Filet) sind in einer Pfanne bei starker Hitze in nur wenigen Minuten knusprig gebraten.

den Bratansatz in der Pfanne. Sie sind die Grundlage für das Brataroma. Zugleich ändert sich beim Braten auch die Farbe des Fleisches, ab Temperaturen über 50 °C wird der rote Blutfarbstoff zerstört, das Fleisch verfärbt sich mehr und mehr ins Graue. Gleichzeitig schrumpft das Bratgut, weil das Muskeleiweiß gerinnt und sich dadurch die Fasern verkürzen und verknäulen. Dabei wird Wasser freigesetzt und tritt, sofern keine schützende Kruste vorhanden ist, aus dem Fleisch aus.

Welche Stücke sind zum Kurzbraten geeignet?

Zum Kurzbraten in Pfanne oder Wok eignet sich in Scheiben oder Streifen geschnittenes Fleisch, das idealerweise aus dem Rücken, dem Filet oder der Keule stammt. Der Anteil an Bindegewebe im Fleisch darf nicht zu groß sein, denn es wird während der kurzen Garzeit nicht weich. Sehr mageres Fleisch wird bei Temperaturen zwischen 160 und 200 °C in etwas Fett angebraten. Bei stark durchwachsenem Fleischstücken kann auf das Fett zum Anbraten verzichtet werden, denn es wird vom Fleisch selbst mitgeliefert.

Bei Niedertemparatur fertig garen

Nicht nur große Fleischstücke, auch zartfaserige Schnitzel und Steaks oder Geschnetzeltes können nach dem kurzen Anbraten bei starker Hitze langsam im Ofen fertig garen. Wichtig dabei ist, dass die Backofentemperatur genau stimmt – Profis überprüfen sie vorher mit einem geeigneten Ofenthermometer, denn die am Backofen eingestellte Temperatur entspricht nicht unbedingt der tatsächlich im Backofen erreichten. So wird ein Rinderfilet beispielsweise 2 bis 2 ½ Minuten auf jeder Seite in der Pfanne im heißen Fett angebraten und gart dann noch etwa 45 Minuten bei 70 °C im Ofen nach. Bei einem Entrecôte double heizen Sie den Ofen auf 80 °C vor und rechnen die doppelte Zeit. Für Schnitzel und kleine Stücke empfehlen Profis 75 °C, je nach Dicke der Scheiben bleiben sie dann etwa 40 Minuten, Geschnetzeltes etwa 30 Minuten im Backofen.

Für Fleisch und Sauce

600 g Schweinefilet
2 Knoblauchzehen
4 EL Reisessig
2 EL Palmzucker oder brauner Zucker, mehr zum Abschmecken
1 EL helle Sojasauce
3 EL Fischsauce
1 EL Tomatenketchup
4 EL Honig
50 ml Geflügel- oder Kalbsfond
40 ml Shaoxing-Wein oder Sherry
1 Sternanis, 1 cm Zimtstange
1 Msp. Fünf-Gewürze-Pulver
3 EL Speisestärke
Limettensaft, Salz
frisch gemahlener Pfeffer
2 EL Öl

Für die Einlage

3 EL getrocknete Mu-Err-Pilze
1 Bund Frühlingszwiebeln
200 g Salatgurke
1 Baby-Ananas
3 Tomaten
1 Zwiebel
2–3 EL Öl

Niveau
★

Fertig in
1:00 Std.

SCHWEINEFILET
SÜSS-SAUER

1. Das Filet trocken tupfen und in 2 x 3 cm breite Streifen schneiden. Den Knoblauch schälen und fein hacken. Mit Essig, 2 EL Palmzucker, Sojasauce, Fischsauce, Ketchup, Honig, Fond, Wein oder Sherry, Sternanis, Zimt und Fünf-Gewürze-Pulver in einen kleinen Topf geben.

2. Alles verrühren, aufkochen und 5 Minuten köcheln lassen. Anschließend die Sauce mit 1 EL Speisestärke binden. Dafür die Stärke in wenig kaltem Wasser anrühren und unter die kochende Sauce mischen. Die Sauce mit Limettensaft abschmecken; beiseitestellen.

3. Für die Einlage die Pilze in Wasser einweichen. Inzwischen die Frühlingszwiebeln waschen und putzen und die Gurke schälen. Beides in etwa 3 cm große Stücke schneiden. Ananas vom Schopf befreien, schälen, vierteln und in dünne Scheiben schneiden. Tomaten blanchieren, häuten, entkernen und in Spalten schneiden. Zwiebel schälen und in Streifen schneiden.

4. Die eingeweichten Pilze abtropfen lassen und ausdrücken, dann in Streifen schneiden. Im Wok das Öl erhitzen. Die Pilze mit den Frühlingszwiebeln, den Zwiebelstreifen sowie Gurken-, Ananas- und Tomatenstücken im heißen Öl kurz unter Rühren braten. Aus dem Wok nehmen und warm stellen.

5. Die Fleischstreifen salzen, pfeffern und in der übrigen Speisestärke wenden; sie sollen davon vollständig umhüllt sein. Das Öl in den Wok geben und erhitzen. Die Filetstreifen hineingeben und unter Wenden in 3 bis 4 Minuten kräftig braten.

6. Die Sauce kurz erhitzen. Das Fleisch mit dem Gemüse und der Ananas auf Tellern oder in Schalen anrichten, alles mit der Sauce übergießen und mit Duftreis servieren.

500 g Lammkeule (Nuss)
1 TL Currypulver
20 g Garam Masala
frisch gemahlener Pfeffer
Salz
2 Knoblauchzehen
10 g frischer Ingwer
1 Stängel Zitronengras
1 kleine rote Chilischote
1 rote Paprikaschote
8 Frühlingszwiebeln
150 g Sojasprossen
3 EL Öl
2 cm Zimtstange
1–2 EL Austernsauce
Minzeblätter und geröstete Cashewkerne zum Garnieren

Niveau
★

Fertig in
0:50 Std.

CURRY-LAMMFLEISCH
AUS DEM WOK

1. Das Fleisch mit Küchenpapier trocken tupfen und in 4 x 1 cm breite Streifen schneiden. Das Currypulver mit Garam Masala, Pfeffer und ½ TL Salz mischen. Die Würzmischung über das Fleisch streuen, die Fleischstreifen durchkneten und zugedeckt durchziehen lassen.

2. Inzwischen den Knoblauch und den Ingwer schälen und beides fein hacken. Vom Zitronengras die äußeren Blätter ablösen und den unteren Teil der inneren Blätter ebenfalls fein hacken. Chilischote putzen, waschen und fein zerkleinern. Paprikaschote und Frühlingszwiebeln putzen, waschen und in dünne Streifen bzw. 1 cm lange Stücke schneiden. Sojasprossen in einem Sieb unter fließendem Wasser abbrausen.

3. Das Öl im Wok oder in einer hochwandigen Pfanne erhitzen und das Fleisch darin kurz und unter ständigem Rühren bei starker Hitze anbraten. Anschließend herausnehmen und beiseitestellen.

4. Knoblauch, Zitronengras, Ingwer und Chilistückchen in den Wok geben und im verbliebenen Öl kurz anbraten. Die Paprrkastreifen mit dem Zimt hinzufügen und alles unter ständigem Rühren 1 Minute braten. Danach Frühlingszwiebeln und Sojasprossen untermischen. Alles noch 1 Minute braten

5. Die Gemüsemischung mit der Austernsauce würzen und mit Salz und Pfeffer abschmecken. Nun das Fleisch mitsamt dem ausgetretenen Fleischsaft zum Gemüse geben und alles kurz durchschwenken.

6. Das Gericht auf vorgewärmte Teller oder Schalen verteilen und mit den Minzeblättchen und Cashewkernen bestreuen. Dazu gedämpften Kardamomreis servieren.

Asiatisch gewürzt

Lammfleisch mit seinem kräftigen Geschmack harmoniert ausgezeichnet mit asiatischen Gewürzen wie Curry oder Koriander. Meist sind auch – wie hier – 1 bis 2 Chilischoten mit von der Partie. Je nach deren Schärfegrad kann das Gericht daher sehr feurig sein. Wer mehr Sauce und weniger Schärfe mag, gibt zum Schluss mit dem Fleisch noch 400 ml Kokosmilch dazu.

3 kg Schweinerippchen
Salz
1 Bouquet garni
2 rote Zwiebeln
2 Knoblauchzehen
1 unbehandelte Zitrone
2 EL Olivenöl
1 EL brauner Zucker
100 g passierte Tomaten
3 EL Rotweinessig
6 EL Honig
100 ml Sojasauce
50 ml Ketjap Manis
100 g Schwarte von geräuchertem rohen Schinken
frisch gemahlener Pfeffer
Worcestersauce
je 1 Zweig Rosmarin und Thymian
2 EL Dijonsenf

Niveau
★★
Fertig in
13:30 Std.

SPARERIBS
VOM SPANFERKEL

1. Die Spareribs kalt abspülen und in einen Topf mit kochendem Salzwasser geben. Das Bouquet garni ebenfalls in den Topf geben und die Spareribs bei schwacher Hitze etwa 20 Minuten vorgaren.

2. Währenddessen die Marinade zubereiten. Dafür die Zwiebeln und den Knoblauch schälen und beides in feine Scheiben schneiden. Die Zitrone abwaschen und in Scheiben schneiden.

3. Das Öl in einer Pfanne erhitzen und die Zwiebeln mit dem Knoblauch darin glasig dünsten. Anschließend den Zucker, die passierten Tomaten, den Essig, den Honig, die Sojasauce, das Ketjap Manis, die Zitronenscheiben und die Schwarte dazugeben und alles kurz mitdünsten.

4. Die Marinade mit Salz, Pfeffer und Worcestersauce würzen, die Kräuterzweige hineinlegen und die Marinade noch etwa 10 Minuten leicht köcheln lassen. Anschließend durch ein Sieb gießen, etwas abkühlen lassen und den Senf untermischen.

5. Die Spareribs aus dem Salzwasser nehmen, trocken tupfen und etwas abkühlen lassen. Auf eine tiefe Platte legen, mit der Marinade übergießen und zugedeckt etwa 12 Stunden im Kühlschrank durchziehen lassen.

6. Den Grill vor- bzw. anheizen. Inzwischen die Marinade von den Rippchen streifen. Sobald starke Hitze erreicht ist, die Spareribs auf den Grillrost legen und auf jeder Seite etwa 10 Minuten grillen, bis sie überall schön knusprig sind; die Hitze dabei etwas reduzieren. Zwischendurch das Fleisch mehrmals mit der Marinade bestreichen. Dazu passt beispielsweise ein Spitzkohlsalat.

Vom Holzkohlegrill

Wenn Sie die Spareribs auf dem Holzkohlegrill zubereiten, aber nicht vorher kochen wollen, verlängert sich die Garzeit um etwa ein Drittel. In diesem Fall also etwa 30 Minuten Grillzeit einplanen. Dabei darf die Hitze der Glut jedoch nicht zu stark sein, weil das Fleisch sonst außen verbrennt oder viel zu trocken wird, bis es innen gar ist.

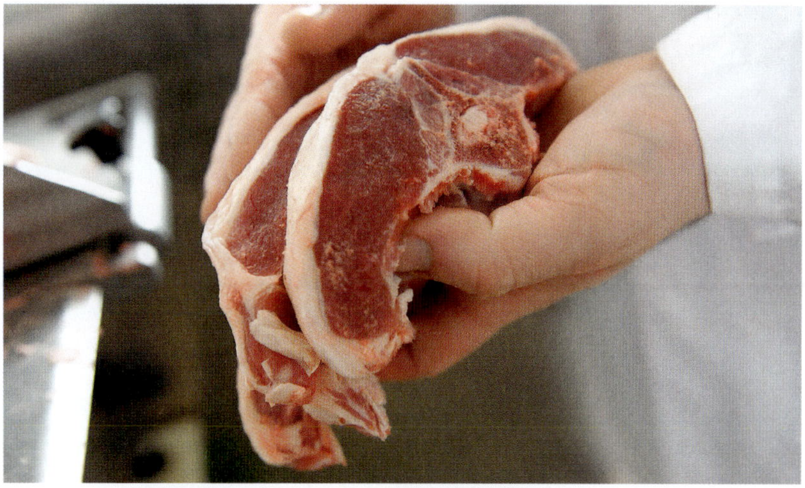

Koteletts vom Lamm (im Bild) oder Schwein werden dank Fettauflage und Marmorierung durch Grillen schön saftig, knusprig und aromatisch.

GRILLFLEISCH VON KOTELETTS BIS STEAKS

MARMORIERTES FLEISCH IST ZUM GRILLEN IMMER EINE GUTE WAHL. DIE FEINEN FETTÄDERCHEN HALTEN DAS FLEISCH SCHÖN SAFTIG UND SPIELEN AUCH ALS AROMATRÄGER EINE WICHTIGE ROLLE. MARINADEN SORGEN DAFÜR, DASS DAS FLEISCH NOCH ZARTER UND AROMATISCHER WIRD.

Das Beste von Rind und Kalb

Aus der Hochrippe geschnittene Steaks vom Rind schmecken vom Grill besonders gut. Ohne Knochen sind sie meist etwa 2 ½ cm dick und benötigen dann 10 bis 12 Minuten auf dem Rost, bis sie medium sind. Zum Grillen geeignet sind auch Filetsteaks oder Rumpsteaks, ihre Garzeit ist ähnlich. 4 bis 5 cm dicke Rinderkoteletts mit Knochen brauchen dagegen 15 bis 20 Minuten, bis das Fleisch innen schön rosa ist. Kalbfleisch ist eigentlich fast zu schade zum Grillen, doch Sie können auch Kalbssteaks und -koteletts grillen. 2 cm dicke Exemplare sind in insgesamt 10 bis 12 Minuten fertig, 2 ½ cm dicke brauchen auf jeder Seite etwa 7 Minuten Grillzeit.

Das Beste vom Schwein

Das beliebteste Grillsteak stammt vom Schwein, genauer gesagt, vom Hals oder Kamm. Gut durchwachsen übersteht es die trockene Hitze der Glut hervorragend, ohne dabei auszutrocknen. Daneben eignen sich auch andere Teile vom Schwein sehr gut zum Grillen, etwa die fleischigen Rippen (die Spareribs) sowie Filetscheiben

Grillfleisch gewinnt an Aroma und Saftigkeit, wenn es mehrere Stunden vor dem Grillen in einer Marinade (z. B. mit Kräutern und Knoblauch) durchziehen kann.

oder auch aus der Schulter geschnittene Steaks. Bei 2 cm dicken Fleischscheiben oder Rippen beträgt die Grillzeit 12 bis 14 Minuten, ein ganzes Filet von 350 bis 450 g benötigt etwa 30 Minuten und für 1 ½ kg Spareribs am Stück sollten Sie 1 bis 1 ½ Stunden einplanen.

Das Beste vom Lamm

Ausgezeichnet schmecken auch Koteletts, Rippchen, Nackensteaks oder Beinscheiben vom Lamm. Etwa 2 ½ cm dicke Fleischteile sollten 10 bis 12 Minuten auf dem Rost liegen, 4 cm dicke Doppelkoteletts benötigen 14 bis 16 Minuten. Für ein Lammkarree von 650 g beträgt die Grilldauer etwa 25 Minuten.

Koriandermarinade für Lamm

1 fein gewürfelte Tomate mit 2 EL gehacktem Koriandergrün, 1 fein gehackten Knoblauchzehe, etwas frisch zerstoßenem Kreuzkümmel, 200 ml Olivenöl sowie frisch gemahlenem Pfeffer und Salz verrühren.

Marinieren

Durch eine würzige Marinade, die mit Kräutern und/oder Gewürzen aromatisiert ist, gewinnt Grillfleisch an Geschmack und das Öl hält es während des Grillens schön saftig. Legen Sie das Fleisch für 3 bis 4 Stunden vor dem Grillen in die Marinade und lassen Sie es zugedeckt im Kühlschrank durchziehen. Vor dem Grillen alle grob zerkleinerten Zutaten der Marinade vom Fleisch abstreifen, damit sie nicht verbrennen.

Orangenmarinade für Kalb

1 in feine Streifen geschnittene Chilischote und 3 in Streifen geschnittene frische Salbeiblätter mit 200 ml Öl, dem Saft von 1 Orange, je 1 Msp. gemahlenem Piment und Kardamom sowie etwas frisch geriebener Muskatnuss verrühren.

Ingwermarinade für Schwein

2 cm in dünne Scheiben geschnittenen frischen Ingwer und 4 in Streifen geschnittene Minzeblätter mit 200 ml Öl, 1 EL Haselnussöl, ½ TL Zimtpulver und der abgeriebenen Schale von 1 unbehandelten Limette verrühren.

Für den Rollbraten

2–2 ½ kg Schweinerollbraten (aus Schulter, Keule oder Rücken vom Jungschwein)

2 Knoblauchzehen

je 3 EL gehackte Thymian- und Majoranblättchen

2 TL gehackte Beifußblätter, nach Belieben

4 EL Olivenöl

Salz

frisch gemahlener Pfeffer

Zum Grillen

2 EL grobes Meersalz

2 TL frisch gemahlener weißer Pfeffer

1 EL edelsüßes oder scharfes Paprikapulver

4 EL Olivenöl

½ l helles Bier

Niveau
★★★

Fertig in
3:00 Std.

ROLLBRATEN

VOM SCHWEIN AM SPIESS

1. Den Braten mit der Schwarte nach unten ausbreiten. Den Knoblauch schälen und fein hacken. Die Kräuter mit dem Knoblauch und dem Olivenöl vermischen. Separat für das Würzöl zum Grillen Meersalz, Pfeffer, Paprikapulver und Olivenöl verrühren.

2. Den Backofen auf der Grillstufe oder auf 175 °C Umluft vorheizen. Den Braten auf der Fleischseite mit dem Kräuteröl bepinseln, salzen, pfeffern, aufrollen und mit Küchengarn in Form binden.

3. Den Braten auf den Grillspieß des Backofens stecken. Die Fettpfanne mit Wasser füllen und in den Ofen schieben. Den Spieß über der Fettpfanne befestigen.

4. Den Braten rundherum mit dem Würzöl bepinseln und 2 bis 2 ½ Stunden grillen; in den letzten 30 Minuten immer wieder mit dem Bier übegießen, damit die Schwarte schön knusprig wird. Das Fleisch ist fertig, wenn es eine Kerntemperatur von 85 °C anzeigt.

Spanferkel am Spieß

Wenn Sie für ein großes Grillfest ein ganzes Spanferkel (8 bis 12 kg) am Spieß grillen wollen, reiben Sie es außen gründlich mit der Mischung aus Öl, Salz, Pfeffer und Paprika ein und innen mit dem Kräuteröl. (Sie benötigen die dreifache Menge an beiden Ölen.) Das Spanferkel auf den Grillspieß stecken. Damit nichts anbrennt, Füße, Schwänzchen und Ohren mit Alufolie umwickeln und die Vorderläufe mit einem dicken Draht eng an den Kopf binden.

Aus einem halben Sack Holzkohle eine Glut entfachen und die Kohle in Form eines Hundeknochens verteilen: Die Wärme zieht automatisch zur Mitte. Wenn die Glut perfekt ist, den Spieß mit dem Spanferkel auf den Grillböcken einhängen. Die Schwarte während des Grillens alle 30 Minuten mit Öl bepinseln. Das Spanferkel ist fertig, wenn es eine Kerntemperatur von 85 °C erreicht hat – das dauert meist 4 ½ bis 5 ½ Stunden. Wenn man die Schwarte in den letzten 30 Minuten öfter mit Bier übergießt, wird sie besonders knusprig.

Für die Schweinefleischspieße

300 g Schweinefilet

1 rote Zwiebel

2 junge Kohlrabi

4 verholzte lange Zweige Rosmarin

8 Physalis

1 TL Currypulver

1 TL Salz

2 Knoblauchzehen

150 ml Öl

Für die Lammfleischspieße

300 g Lammfleisch, aus der Keule (Nuss)

1 rote Zwiebel

1 gelbe Paprikaschote

½ Ananas

4 dünne Stängel Zitronengras

1 TL Tandooripulver

1 TL Salz

150 ml Öl

Niveau
★★

Fertig in
1:00 Std.

FLEISCHSPIESSE

VON SCHWEIN UND LAMM

1. Für die Schweinefleischspieße das Schweinefilet trocken tupfen und in 2 cm große Würfel schneiden. Die Zwiebel und die Kohlrabi schälen und jeweils in 12 Spalten teilen. Alle Zutaten sollten etwa gleich groß sein.

2. Von den Rosmarinzweigen fast alle Nadeln abstreifen; Nadeln beiseitelegen. Die Rosmarinzweige an einem Ende etwas anspitzen. Die Fleischwürfel mit den Zwiebelspalten, Physalis und Kohlrabispalten im Wechsel auf die Rosmarinzweige stecken. Die Schweinefleischspieße mit Currypulver und Salz würzen.

3. Von den Rosmarinnadeln so viele klein hacken, dass etwa 2 TL entstehen. Den Knoblauch schälen und fein zerdrücken oder hacken. Rosmarin und Knoblauch unter das Öl mischen. Die Spieße mit dem Würzöl bepinseln und auf dem vorgeheizten Grill etwa 15 Minuten unter mehrmaligem Wenden rösten.

4. Für die Lammspieße das Fleisch trocken tupfen und in etwa 2 cm große Würfel schneiden. Die Zwiebel schälen und in 12 Spalten schneiden. Die Paprika putzen, waschen und in 16 Stücke teilen. Die Ananas schälen, Augen und Strunk entfernen und das Fruchtfleisch in Stücke schneiden. Alle Zutaten sollten in etwa die gleiche Größe haben.

5. Das Fleisch abwechselnd mit den Zwiebel- und Paprikaspalten sowie den Ananaswürfeln auf die Zitronengrasstängel stecken. Mit Tandooripulver und Salz würzen, mit dem Öl bepinseln und die Spieße etwa 15 Minuten auf dem heißen Grill unter mehrmaligem Wenden grillen.

Für die Crépinettes

2 Schweinenetze

16 Stiellammkoteletts

1 EL Dijonsenf

Salz

frisch gemahlener Pfeffer

200 ml Olivenöl

20 g Butter

1 Knoblauchzehe

1 Zweig Thymian

Für die Farce

100 g frische oder 20 g getrocknete Steinpilze

1 Brötchen vom Vortag

50 ml lauwarme Milch

2 Schalotten

1 sehr kleine Knoblauchzehe

30 g Butter

Salz

frisch gemahlener Pfeffer

200 ml Weißwein

3 Stängel Petersilie

1 Stängel Bohnenkraut

1 Stängel Estragon

300 g Lammfleisch aus der Schulter

40 g Parmaschinken oder anderer luftgetrockneter Schinken

1 Ei

Niveau
★★★

Fertig in
2:00 Std.

LAMM-CRÉPINETTES

MIT STEINPILZEN, SCHALOTTEN UND SCHINKEN

1. Zuerst die Schweinenetze in kaltes Wasser legen und für gut 1 Stunden wässern, zwischendurch das Wasser 2- bis 3-mal wechseln. Währenddessen für die Crêpinettes die Knochen der Lammkoteletts sauber parieren, also alle Fett- und Fleischreste mit einem spitzen Küchenmesser von den Rippenknochen schaben.

2. Für die Farce getrocknete Steinpilze für 30 Minuten in Wasser einweichen, frische Pilze putzen und würfeln. Das Brötchen in Scheiben schneiden und in der Milch einweichen. Die Schalotten und den Knoblauch schälen und separat fein würfeln.

3. Die Butter in einer Pfanne zerlassen und die Pilze mit den Schalotten darin anbraten. Mit Salz, Pfeffer und dem Knoblauch würzen. Die Pilze mit dem Weißwein ablöschen und diesen beinahe vollständig einkochen lassen. Anschließend die Pilzmischung vom Herd nehmen und etwas auskühlen lassen.

4. Petersilie, Bohnenkraut und Estragon kalt abbrausen und trocken schütteln oder tupfen. Die Blätter von den Stängeln zupfen und fein hacken.

5. Das eingeweichte Brötchen ausdrücken und das Lammfleisch mit dem Brötchen zweimal durch die feine Scheibe des Fleischwolfs in eine größere Schüssel drehen. Den Schinken fein würfeln. Die kalte Steinpilzmischung, den Schinken, das Ei und die gehackten Kräuter gründlich mit dem Lammhack verkneten.

1. Die mit Senf bestrichenen Koteletts in die Hand nehmen, rundherum etwas Farce auftragen und leicht festdrücken. Die Knochen frei lassen. 2. Die mit Farce umhüllten Koteletts in die vorbereiteten Schweinenetze wickeln, dabei darauf achten, dass sich die Nahtstellen nur wenig überlappen. Anschließend die Crêpinettes wie im Rezept beschrieben braten.

6. Die Koteletts zwischen Frischhaltefolie leicht plattieren bzw. flach drücken und auf beiden Seiten dünn mit Senf bestreichen. Das Fleisch mit der Farce umhüllen (siehe oben Abb. 1).

7. Die Schweinenetze in 16 Stücke schneiden, auf der Arbeitsfläche ausbreiten und die Koteletts hineinschlagen; dabei die Knochen frei lassen und darauf achten, dass sich die Nahtstellen nur wenig überlappen (siehe oben Abb. 2).

8. Die Crépinettes mit Salz und Pfeffer würzen. Das Olivenöl in einer großen Pfanne erhitzen und die Crêpinettes darin anbraten, dann wenden. Butter, Knoblauch und Thymian hinzufügen und die Crépinettes langsam unter ständigem Begießen mit der Bratbutter in etwa 5 Minuten fertig braten. Aus der Pfanne nehmen und kurz auf einem Rost ruhen lassen.

9. Die Crépinettes nach Belieben mit Romanasalat, in feinen Scheiben geschnittenen rohen Egerlingen, gebratenen Steinpilzen und Basilikum oder mit Rucolasalat auf Tellern anrichten. Mit der Bratbutter aus der Pfanne beträufeln und mit frischem Weißbrot servieren.

Für die Mojo

½ TL Kreuzkümmelsamen

3 Knoblauchzehen

½ TL Meersalz

1 Bund Koriandergrün

100–120 ml Olivenöl

frisch gemahlener weißer Pfeffer

1–2 TL Zitronensaft

Für die Lammsteaks

4 dicke Lammhüftsteaks mit Fettschicht (je 180 g)

6 EL Joghurt, Salz

Für die Kartoffeln

500 g kleine festkochende Kartoffeln mit dünner Schale

2 EL grobes Meersalz

Niveau
★★

Fertig in
2:00 Std.

LAMMHÜFTSTEAKS

MIT MOJO DE CILANTRO

1. Für die Mojo den Kreuzkümmel in einer kleinen Pfanne bei mittlerer Hitze 1 bis 2 Minuten rösten. Die Knoblauchzehen schälen und grob würfeln. Den Kreuzkümmel mit Knoblauch und Meersalz im Mörser oder Mixer zu einer feinen Paste verarbeiten.

2. Das Koriandergrün waschen, trocken schütteln, die Blättchen abzupfen und fein schneiden. Zur Paste geben und alles nochmals fein zerreiben bzw. mixen. Nun das Olivenöl nach und nach unter die Korianderpaste mixen. Die Mojo mit Pfeffer und Zitronensaft abschmecken.

3. Die Lammsteaks trocken tupfen und den Fettrand einschneiden. Den Joghurt mit 4 EL Mojo in einer flachen Schale verrühren, die Steaks darin wenden und bis zum Grillen darin durchziehen lassen. Die übrige Mojo zugedeckt beiseitestellen.

4. Die Kartoffeln unter fließendem Wasser gründlich abbürsten und in einen Topf geben. Knapp mit kaltem Wasser bedecken, das Meersalz dazugeben und die Kartoffeln bei mittlerer Hitze in etwa 20 Minuten gar kochen. Das Wasser abgießen, den Topf zurück auf den Herd stellen und die Kartoffeln bei schwächster Hitze ausdampfen lassen. Den Topf dabei öfter rütteln, bis sich auf den Schalen der Kartoffeln eine Salzkruste bildet.

5. Den Grill anheizen und den Backofen auf 70 °C vorheizen. Die Marinade von den Steaks abstreifen, das Fleisch abtupfen, mit Salz würzen und in 15 bis 20 Minuten auf dem Grill bei indirekter Hitze (also im geschlossenen Grill) grillen, bis die Steaks innen noch rosa sind (die Kerntemperatur sollte dann 56 °C betragen). Das Fleisch noch 5 bis 10 Minuten im Ofen ruhen lassen.

6. Die Lammsteaks in dünne Scheiben schneiden und mit der übrigen Mojo de Cilantro und den Papas arrugadas anrichten; sofort servieren. Dazu passen gegrilltes oder in einer Papillote gebackenes Gemüse und geschmorte kleine Artischocken.

Für die Frikadellen

100 g Lammfleisch

200 g Schweinefleisch

80 g Brötchen vom Vortag

100 ml Milch

2 Zwiebeln

1 Knoblauchzehe

10 g Butter

2 EL fein geschnittene glatte Petersilie

2–3 TL fein geschnittener frischer Majoran

2 kleine Eier

1 TL mittelscharfer Senf

Salz

frisch gemahlener Pfeffer

2 EL Semmelbrösel, nach Bedarf

Öl zum Braten

Für die Füllung

50 g Schafskäse (z. B. Feta)

25 g schwarze Oliven, entsteint

25 g in Olivenöl eingelegte getrocknete Tomaten, gut abgetropft

Salz

frisch gemahlener Pfeffer

Niveau
★★

Fertig in
0:50 Std.

LAMMFRIKADELLEN

MIT WÜRZIGER SCHAFSKÄSEFÜLLUNG

1. Das Lamm- und Schweinefleisch trocken tupfen und durch die mittlere Scheibe des Fleischwolfs drehen (siehe Abb. Seite 238). Die Brötchen in dünne Scheiben schneiden und in eine Schüssel geben. Die Milch erwärmen und die Brötchen darin einweichen.

2. Die Zwiebeln und den Knoblauch schälen und fein hacken. Die Butter in einer Pfanne aufschäumen lassen und die Zwiebelwürfel mit dem Knoblauch darin glasig dünsten. Die Zwiebel-Knoblauch-Mischung aus der Pfanne auf einen mit Küchenpapier ausgelegten Teller geben, beiseitestellen und abkühlen lassen.

3. Das Hackfleisch in einer großen Schüssel mit den ausgedrückten Brötchen, der abgekühlten Zwiebel-Knoblauch-Mischung, der Petersilie, dem Majoran und den Eiern vermengen.

4. Die Masse mit Senf, Salz und Pfeffer würzen. Sollte sie zu weich sein, noch etwa 2 EL Semmelbrösel hinzufügen und untermischen. Die Masse mit einer Saucenkelle oder einem Eisportionierer in 80-g-Portionen teilen.

5. Für die Füllung den Schafskäse mit einer Gabel zerdrücken, die Oliven und die getrockneten Tomaten fein hacken. Die drei Zutaten miteinander vermischen, mit Salz und Pfeffer würzen und die Käsemischung zu kirschgroßen Kugeln formen.

Frikadellen und Hamburger

»Frikadelle« (Hamburg), »Bulette« (Berlin) oder »Fleischpflanzerl« (Bayern) – angeblich sind die Hackfleischküchlein zuerst in Berlin angekommen – im Gepäck der Hugenotten, die ihre »boulettes« mit in die neue Heimat brachten. Heute gibt es zahlreiche Varianten. Zwischen die Hälften eines weichen Brötchens geklemmt, ist die Bulette als »Hamburger« bekannt, der als schneller Imbiss fast unschlagbar ist. Alles, was man dafür braucht ist 1 Hamburger-Brötchen, 1 Scheibe Schmelzkäse, 1 dünne heiße Rinderfrikadelle und 1 Tomatenscheibe sowie etwas Essiggurke, Salat, Ketchup und Senf. Alle Zutaten zwischen die getoasteten Brötchenhälften schichten.

➡

Wer keinen Fleischwolf hat, kann das Fleisch statt es durch den Wolf zu drehen mit einem schweren Koch- oder Hackmesser sehr fein hacken.

6. Nun die Frikadellen formen. Dafür die Fleischteigportionen jeweils in einer Hand flach drücken, eine Schafskäsekugel in die Mitte legen und diese mit Fleischteig umschließen (siehe S. 239).

7. Die gefüllten Frikadellen in heißem Öl unter Wenden bei mittlerer Hitze etwa 10 Minuten braten, bis sie ganz durchgegart sind. Die Frikadellen auf vorgewärmten Tellern anrichten und nach Belieben knusprige Bratkartoffeln oder einen Kartoffel-Speck-Salat dazu reichen.

Frikadellen-Vielfalt

Bei Frikadellen können Sie – was das verwendete Fleisch angeht – nach Belieben variieren. So können Sie beispielsweise den Lammfleischanteil in diesem Rezept durch Kalbfleisch ersetzen oder die Frikadellen ganz aus Rindfleisch herstellen. Wenn Sie die Frikadellen ohne Füllung zubereiten möchten, müssen Sie den Fleischanteil etwas erhöhen, in diesem Fall rechnet man für 4 Portionen insgesamt 400 g Fleisch.

Kapitel 6

IM OFEN GEGART

Für den Krustenbraten

1 ½ kg Schweineschulter mit Schwarte
Salz
4 Zwiebeln
1 Möhre
100 g Knollensellerie
2 Petersilienwurzeln
frisch gemahlener Pfeffer
750 g Schweineknochen
1–2 EL Kümmelsamen
½ l dunkles Bier oder Weißbier

Für das Kraut

1 Weißkohl (etwa 1,2 kg)
1 EL Zucker
20 ml Estragon- oder Weißweinessig
2 EL Butter
Salz
frisch gemahlener Pfeffer

Für die Knödel

1 kg mehligkochende Kartoffeln (etwa 800 g geschälte Kartoffeln)
2 Eier
1 Eigelb
50 g Kartoffelstärke
50 g Hartweizengrieß
Salz
frisch geriebene Muskatnuss
3 EL geröstete Weißbrotwürfel, nach Belieben

Niveau
★★

Fertig in
2:15 Std.

KRUSTENBRATEN
MIT KRAUT UND KNÖDELN

1. Den Backofen auf 180 °C vorheizen. Die Schweineschulter für 2 bis 3 Minuten in kochendes Salzwasser geben. Herausnehmen, kurz abkühlen lassen und die Schwarte mit einem scharfen Messer rautenförmig einschneiden (siehe Seite 244 Abb. 1 und 2).

2. Die Zwiebeln, die Möhre, den Sellerie und die Petersilienwurzeln schälen, waschen und klein würfeln. Das Fleisch salzen und pfeffern. Das gewürfelte Gemüse und die Schweineknochen in einem Bräter verteilen und die gewürzte Schweineschulter mit der Schwarte nach oben daraufsetzen. Das Gemüse mit dem Kümmel bestreuen und etwas Wasser in den Bräter gießen.

3. Den Bräter in den vorgeheizten Backofen schieben und die Schweineschulter darin 1 Stunde 45 Minuten braten. Den Braten dabei ab und zu mit Bier übergießen.

4. Während der Braten gart, das Kraut zubereiten. Dafür den Weißkohl halbieren und den Strunk aus der Mitte schneiden. Die Blätter ablösen, von den dicken Blattrippen befreien und in Rauten schneiden. Den Zucker in einer Kasserolle karamellisieren und mit dem Essig ablöschen (Vorsicht, es spritzt!).

5. Butter und Weißkohl hinzufügen, salzen und pfeffern. Das Kraut bei schwacher Hitze in wenigen Minuten zugedeckt dünsten, bis es weich, aber noch bissfest ist. Zum Schluss die Flüssigkeit offen einkochen lassen; das glasierte Kraut beseitestellen.

Besonders knusprig

Die Kruste des Schweinebratens wird besonders kross, wenn Sie den Braten bei 165 °C und Umlufthitze im Backofen garen.

➡

1. Damit eine schöne Kruste entsteht, sollte man die Schwarte vor dem Braten einschneiden. Dafür die Schwarte mit einem scharfen Messer erst parallel im Abstand von 1 bis 1 ½ cm bis auf das Fett einschneiden. 2. Anschließend das Fleischstück drehen und die Schwarte rechtwinklig im selben Abstand parallel einschneiden. Das Fleisch sollte dabei nicht verletzt werden.

6. Für die Knödel die Kartoffeln schälen, waschen und weich kochen oder dämpfen. Die Kartoffeln ausdampfen lassen und noch warm durch die Kartoffelpresse in eine Schüssel drücken. Anschließend die Eier, das Eigelb, die Stärke, den Grieß sowie Salz und Muskatnuss dazugeben und alles zu einer Knödelmasse vermengen.

7. Aus der Masse kleine Knödel formen; nach Belieben in jeden Knödel ein paar geröstete Brotwürfel drücken. Die Kartoffelknödel in kochendes Salzwasser geben und zugedeckt bei schwacher Hitze in 10 bis 15 Minuten gar ziehen lassen.

8. Den Bräter aus dem Ofen nehmen, den Braten herausheben warm stellen. Das Gemüse mit der Flüssigkeit im Bräter aufkochen lassen; bei Bedarf noch etwas Fond oder Wasser angießen. Die Sauce durch ein Sieb in einen Topf gießen, entfetten und eventuell nochmals erhitzen. Den Braten in Scheiben schneiden und mit dem Kraut, den Knödeln und der Sauce anrichten.

Schweinebraten auf italienisch

»Arista alla fiorentina«, so heißt das italienische Pendant zum bayerischen Schweinebraten, für das ein ausgelöstes Kotelettstück mit Schwarte oder ein Halsgrat verwendet wird. Um diesen mediterranen Braten zuzubereiten, die Schwarte ein Stück weit ablösen und das Fleisch außen (auch unter der Schwarte) mit einer Mischung aus fein zerstoßenem Salbei, Rosmarin, Knoblauch, Fenchelsamen sowie Salz, Pfeffer und abgeriebener Zitronenschale würzen. Anschließend die Schwarte wieder andrücken, das Fleisch mit einigen Salbei- und Rosmarinzweigen aufrollen und mit Küchengarn verschnüren. Nun mit Olivenöl bestreichen, auf den Spieß stecken und grillen oder auf Zwiebeln, Lauch, Pfeffer und Lorbeer mit wenig Wasser oder Weißwein 2 Stunden im 180 °C heißen Backofen braten. Dabei hin und wieder Wasser zugießen, um den Bratansatz zu lösen, und das Fleisch wenden.

1,2 kg Schweinenacken (Kamm, Halsgrat) am Stück

Bärlauch-Zitronen-Salz (siehe Tipp)

frisch gemahlener Pfeffer

etwa 2 EL Öl zum Anbraten

2 Knoblauchzehen

1 kleine Handvoll Zitronenthymian

2 EL mittelscharfer Senf

200 ml Gemüsefond (Glas)

Niveau

★

Fertig in

2:00 Std.

SCHWEINEBRATEN

MIT BÄRLAUCH-ZITRONEN-SALZ

1. Das Fleisch mit Küchenpapier trocken tupfen und anschließend rundherum mit Bärlauch-Zitronen-Salz und Pfeffer kräftig würzen. In einem ofenfesten Bräter oder Schmortopf und mit Öl rundherum kräftig anbraten.

2. Den Backofen auf 180 °C vorheizen. Den Knoblauch schälen und halbieren. Mit etwas Salz bestreuen und mit dem Messer oder im Mörser zu einer Paste zerdrücken.

3. Den Zitronenthymian waschen und die Blättchen abstreifen. Knoblauchpaste, Senf und Thymianblättchen verrühren und das angebratene Fleisch mit dieser Würzmischung einreiben.

4. Das Fleisch im Topf bzw. Bräter in den vorgeheizten Ofen stellen und etwa 1 Stunde 30 Minuten garen, dabei nach und nach den Fond dazugießen. Nach der Hälfte der Garzeit das Fleisch mit Backpapier abdecken, damit es nicht verbrennt.

5. Den fertigen Braten aus dem Ofen nehmen, ein paar Minuten ruhen lassen, dann in Scheiben schneiden. Gut dazu passt ein Radicchio-Risotto oder cremige Polenta.

Bärlauch-Zitronen-Salz

Das Würzsalz für diesen Braten können Sie leicht selbst herstellen. Dafür die abgeriebene Schale von 2 unbehandelten Zitronen mit 250 g grob zerkleinerten Bärlauchblättern (außerhalb der Saison stattdessen 225 g Petersilie und 25 g Knoblauch nehmen) und 125 g Fleur de Sel im Mixer oder Mörser pulverisieren. Die Salzmischung im Ofen bei 50 °C 3 bis 4 Stunden trocknen lassen, dabei häufig wenden. Anschließend das Bärlauch-Zitronen-Salz auf einem Backblech an einem warmen Ort noch 1 bis 2 Tage vollständig trocknen lassen. Das Würzsalz in einem luftdicht verschlossenen Gefäß aufbewahren. Vor Gebrauch eventuell im Mixer nochmals zerkleinern.

Schweinenacken

Auch Hals oder Kamm. Ist stark marmoriert und bleibt beim Garen saftig. Eignet sich zum Braten oder Grillen am Stück mit oder ohne Knochen oder als Rollbraten.

Schweineschulter

Auch Bug oder Blatt genannt, ist wie gewachsen erhältlich, meist jedoch in ihren Teilstücken. Im Bild von links: flache Schulter, falsches Filet und dickes Schulterstück.

SCHWEINEBRATEN

Dafür bestens geeignet ist Fleisch aus dem Nacken und der Schulter vom Schwein. Weil es relativ fettreich ist, werden die daraus zubereiteten Braten besonders saftig und aromatisch. Deutlich madereres Fleisch liefert die Innenseite der Keule (Oberschale) und auch die Außenseite (Unterschale), wenn man die Schwarte entfernt. Schweinebraten sollten immer ganz durchgegart sein, das heißt im Kern eine Temperatur von 65–70 °C anzeigen.

Oberschale

Sie gilt als erstklassiges Teilstück der Keule und liefert besonders mageres Fleisch. Der Braten wird allerdings saftiger, wenn man die Fettschicht nicht entfernt.

Unterschale

Das zart marmorierte Fleisch der Unterschale ergibt mit Speck und eingeschnittener Schwarte einen würzigen Krustenbraten.

Nuss oder Maus

Das zarte, magere Fleisch ist ideal für leicht bekömmliche Braten. Gepökelt und geräuchert wird sie als Nuss-Schinken angeboten.

Für die Kalbshaxe

1 Kalbshaxe mit Knochen (1,2–1,4 kg)

Salz

frisch gemahlener weißer Pfeffer

1 EL Mehl

30 g Butterschmalz

150 g Kalbsknochen mit etwas Fleisch daran

60 g Butter

4 Schalotten

⅛ l Weißwein

Zitronensaft

35 g kalte Butter

Für die Gremolata

½ unbehandelte Zitrone

½ Knoblauchzehe

30–40 g Butter

1 kleines Bund Petersilie, fein gehackt

Niveau ★★

Fertig in 2:20 Std.

KALBSHAXE

MIT GREMOLATA

1. Den Backofen auf 180 °C vorheizen. Die Kalbshaxe mit Küchenpapier trocken tupfen, dann sichtbares Fett und Sehnen entfernen, ohne dabei das Fleisch zu verletzen. Die Haxe salzen, pfeffern und mit Mehl bestreuen.

2. In einem hohen Bräter das Butterschmalz erhitzen und die Haxe darin rundherum anbraten. Die Knochen klein hacken (oder beim Kauf den Fleischer bitten, dies zu erledigen). Die Kalbshaxe aus dem Bräter nehmen. Die Hälfte der Butter in den Bräter geben und die Knochen darin langsam hellbraun braten.

3. Die Schalotten schälen und in Viertel schneiden. Zu den Knochen in den Bräter geben und alles mit dem Weißwein ablöschen. Vorsichtig seitlich ein wenig Wasser angießen, die Haxe auf die Knochen legen und mit der übrigen Butter bestreichen. Den Bräter in den Ofen schieben und die Haxe 1 Stunde 45 Minuten braten.

4. Dabei die Haxe alle 15 Minuten mit Bratfond und etwas Wasser übergießen – nicht zu viel Wasser auf einmal angießen, sondern ein wenig, sobald die Flüssigkeit fast vollständig verdampft ist. Wenn nach der Garzeit das Fleisch weich ist und sich vom Knochen zu lösen beginnt, die Haxe aus dem Bräter nehmen und warm stellen.

5. Für die Sauce die im Bräter verbliebenen Knochen und Schalotten mit etwas Wasser begießen und 10 Minuten kochen lassen. Durch ein feines Sieb gießen und mit Salz, Pfeffer und Zitronensaft abschmecken. Zum Binden die kalte Butter in Stückchen unter die Sauce schlagen.

6. Für die Gremolata von der Zitrone die Schale dünn abschälen und in feine Streifen schneiden. Den Knoblauch schälen und fein hacken. Die Butter in einer Pfanne aufschäumen lassen; Petersilie, Zitronenschale und Knoblauch darin kurz schwenken. Die Gremolata über die Haxe gießen. Dazu passen Pilze und Blattspinat.

Für die Kalbsbrust

1 Kalbsbrust ohne Knochen (etwa 2–2 ½ kg, vom Fleischer bereits mit einer Tasche versehen)
1 ½ kg Kalbsknochen
Salz
frisch gemahlener Pfeffer
2 Zwiebeln
3 Möhren
3 Stangen Staudensellerie
½ l Kalbsfond
20 g kalte Butter

Für die Füllung

100 ml Milch
500 g frisches Baguette
2 Möhren
150 g Knollensellerie
3 Schalotten
200 g Lauch
2 EL Butter
6 Eier
5–8 Stängel Liebstöckel
Salz
frisch gemahlener Pfeffer
frisch geriebene Muskatnuss

Niveau
★★★

Fertig in
4:10 Std.

KALBSBRUST

MIT BROT-GEMÜSE-FÜLLUNG

1. Die Kalbsbrust mit Küchenpapier sorgfältig trocken tupfen und das sichtbare Fett entfernen. Die Kalbsknochen für 2 bis 3 Minuten in kochendes Wasser geben, in ein Sieb abgießen und mit kaltem Wasser abschrecken.

2. Für die Füllung die Milch lauwarm werden lassen. Das Baguette in feine Scheiben schneiden und in eine große Schüssel geben. Die lauwarme Milch über das Brot gießen und das Brot durchziehen lassen.

3. Die Möhren, den Knollensellerie und die Schalotten schälen bzw. putzen und in feine Streifen (Julienne) schneiden. Den Lauch putzen, längs halbieren, gründlich waschen und ebenfalls in feine Streifen schneiden. Die Butter in einer Pfanne zerlassen das Gemüse darin kurz andünsten.

4. In einem Rührbecher 3 Eier miteinander verquirlen. Die verquirlten Eier über das gedünstete Gemüse in der Pfanne gießen und unter Wenden wie Rührei stocken und dann etwas abkühlen lassen. Die Eier-Gemüse-Mischung über das eingeweichte Brot in der Schüssel verteilen und alles mit den restlichen 3 Eiern gründlich vermengen. Es soll eine geschmeidige Masse entstehen; falls nötig, noch etwas Milch hinzufügen.

5. Das Liebstöckel waschen, die Blätter abzupfen und hacken. Die Brotmasse mit dem gehackten Liebstöckel sowie Salz, Pfeffer und Muskatnuss würzen. Den Backofen auf 175 °C vorheizen.

6. Die Kalbsbrust auf ein Brett legen und die Brotmasse von Hand locker in die eingeschnittene Tasche füllen (siehe Abb. Seite 255). Anschließend die Fleischtasche mit Nadel und Faden zunähen (siehe Abb. Seite 254).

7. Die Kalbsbrust auf beiden Seiten salzen und pfeffern. Zwiebeln, Möhren und Stangensellerie schälen bzw. putzen und klein würfeln. Die Gemüsewürfelchen mit den blanchierten Kalbsknochen in einen Bräter geben und darauf die Kalbsbrust legen.

➡

Die Kalbsbrust mit Nadel und Garn schließen. Die beiden Fleischlappen dabei etwas über die Füllung ziehen, so lässt es sich leichter nähen.

8. Den Bräter in den Ofen schieben und die Kalbsbrust im vorgeheizten Ofen etwa 3 Stunden braten, dabei immer wieder mit dem Kalbsfond übergießen. Sollte die Kalbsbrust zu dunkel werden, die Ofentemperatur gegen Ende der Garzeit auf 120 °C senken.

9. Die Kalbsbrust aus dem Bräter nehmen und warm stellen. Die Sauce im Bräter einmal kurz aufkochen lassen, anschließend durch ein Sieb in einen Topf gießen und die kalte Butter in Stücken unter die Sauce schlagen. Die gefüllte Kalbsbrust in Scheiben schneiden und mit der Sauce servieren.

Beilage inklusive

Die feinwürzige, lockere Brotfüllung der Kalbsbrust ist gleichzeitig die Beilage. Sie kann nach Belieben variiert werden, beispielsweise indem man noch Streifen von gepresstem Kalbskopf untermischt. Wem die Füllung als Beilage nicht reicht, der sollte gleich mehr davon zubereiten und aus der übrigen Masse kleine Knödel formen und garen.

Für die Lammkeule

1 Lammkeule (etwa 1,2 kg)

Salz

frisch gemahlener Pfeffer

15 frische Lorbeerblätter

2 Knoblauchzehen

2 EL Olivenöl

Für die Kartoffeln

800–1000 g kleine festkochende Kartoffeln

3 EL Olivenöl

3–4 Prisen grobes Meersalz

3 Zweige Rosmarin, die Nadeln abgezupft

Für das Gemüse

2 Fenchelknollen

2 rote oder gelbe Paprikaschoten

2 rote Zwiebeln

2 EL Olivenöl

1 Prise Zucker

80 ml Weißwein

2–3 Zweige Thymian

Niveau

★★

Fertig in

2:00 Std.

LAMMKEULE

MIT FENCHEL-PAPRIKA-GEMÜSE

1. Den Backofen auf 150 °C Umluft vorheizen. Die Keule kräftig mit Salz und Pfeffer einreiben. Die Lorbeerblätter halbieren und das Fleisch damit spicken (siehe Abb. Seite 259), sie sollen noch zu einem Drittel herausschauen. Die ungeschälten Knoblauchzehen andrücken.

2. Die Keule in einem Bräter im heißen Olivenöl rundherum kräftig anbraten. Den Knoblauch dazugeben, den Bräter in den heißen Ofen schieben und die Lammkeule etwa 1 Stunde 30 Minuten garen.

3. Die Kartoffeln gründlich abbürsten und auf einem Backblech verteilen. Mit dem Olivenöl beträufeln und mit Salz und den Rosmarinnadeln bestreuen. Das Blech mit den Kartoffeln in den vorgeheizten Ofen über oder unter die Lammkeule schieben und alles noch 40 bis 45 Minuten garen, bis die Kartoffeln weich sind.

4. Inzwischen das Gemüse vorbereiten: Den Fenchel putzen und jede Knolle in je 8 Spalten schneiden. Die Paprikaschoten mit dem Sparschäler schälen und das Fruchtfleisch in 4 cm breite Streifen schneiden. Die Zwiebeln schälen und in breite Streifen schneiden.

5. Den Bräter aus dem Ofen nehmen. Die Keule herausnehmen und 10 Minuten bei 60 °C im Ofen ruhen lassen, aber nicht in Alufolie wickeln. Das Gemüse im Bräter in Olivenöl anbraten, mit dem Zucker bestreuen, mit dem Wein ablöschen und den Thymian dazugeben.

6. Alles köcheln lassen, bis die Flüssigkeit fast ganz verdampft und das Gemüse weich ist. Das Gemüse abschmecken. Die Lammkeule tranchieren und das Fleisch mit dem Gemüse und den Kartoffeln auf vorgewärmten Tellern anrichten. Sofort servieren.

Mit Safran

Das Gemüse wie beschrieben anbraten und dabei 5 bis 8 Safranfäden hinzufügen. Für mehr Flüssigkeit einfach noch etwas Weißwein, Kalbs- oder Lammfond zum Gemüse gießen.

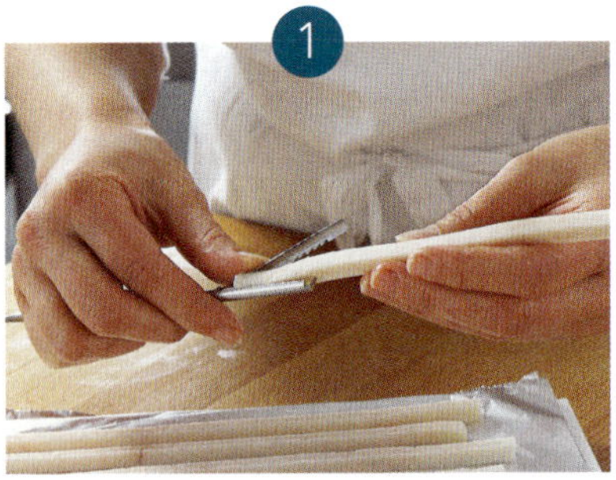

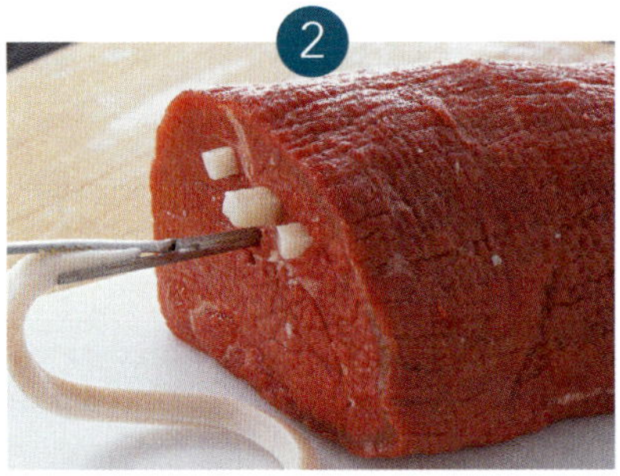

1. Zum Spicken den Speck in Streifen schneiden und diese möglichst 2 Stunden im Tiefkühlgerät anfrieren. So lassen sie sich leichter in das bewegliche Ende der Spicknadel klemmen. 2. Die Speckstreifen mithilfe der Nadel von einem Ende zum anderen durch das Fleisch ziehen.

BRATEN SPICKEN

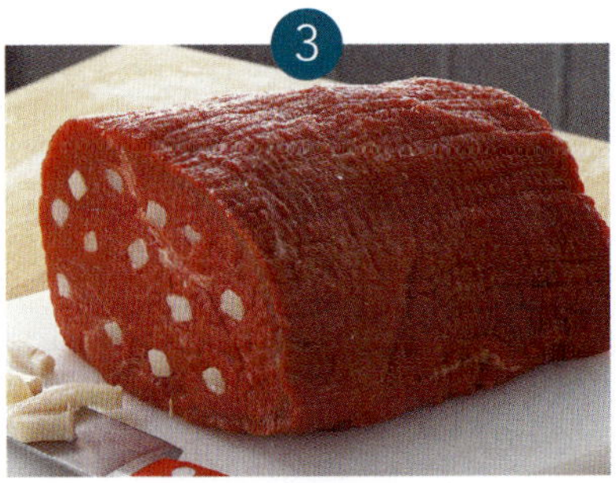

3. Beim Spicken darauf achten, dass die Speckstreifen gleichmäßig im Fleisch verteilt sind. 4. Zum Einziehen von Gemüsestreifen ist ein spezielles Spickset aus dem Fachhandel hilfreich.

Profis nutzen verschiedene Methoden, um mageres Fleisch während des Bratens vor dem Austrocknen zu schützen – angefangen vom Einschneiden der Schwarte (siehe Seite 244) über das Einwickeln in ein Schweinenetz (siehe Seite 232) bis zum Bardieren und Spicken.

Fett schützt Fleisch vor dem Austrocknen

Eine gute Möglichkeit, damit Fleisch schön saftig bleibt, ist das Bardieren. So nennt man das Einschlagen von Fleisch in Speckscheiben oder das Umwickeln eines Fleischstücks mit langen Rückenspeckstreifen. Vor dem Servieren wird die Speckauflage in aller Regel wieder entfernt.
Etwas aufwendiger ist das Spicken mit der Nadel. Dafür schneidet man Rückenspeck in 5 x 5 mm dicke Streifen, legt diese für 2 Stunden ins Tiefkühlgerät und spickt den Braten damit, wie in den Abb. 1 bis 3 gezeigt. Wenn Sie keine Spicknadel haben, schneiden Sie den Speck in 1 x 1 cm dicke Streifen, stechen mit dem Wetzstahl in Faserrichtung in das Fleisch und schieben die tiefgekühlten Speckstreifen durch.

Aroma plus: Spicken mit Gemüse

Optisch und geschmacklich interessant ist auch das Spicken mit Gemüse. Dafür benötigt man einenWetzstahl oder ein spezielles Röhrchen mit abnehmbarer Spitze und einem Stößel (siehe Abb. 4). Vor allem sehnenreiche und mit Fettadern durchzogene Braten gewinnen geschmacklich durch die Spickmethode mit Gemüse.

Spicken mit Knoblauch und Kräutern gibt vielen Fleischstücken – hier einer Lammkeule – noch mehr Aroma. Hierfür sticht man mit einem kleinen spitzen Messer möglichst flach in die Fettschicht ein (das Fleisch sollte nicht verletzt werden) und schiebt beim Herausziehen des Messers Knoblauchstifte und Kräuter wie beispielsweise Rosmarinnadeln in die entstandene Tasche.

1 große reife Ananas
120 g frischer Ingwer
3 Schalotten
1–2 EL Ingwersalz, nach Belieben
1 EL rote Currypaste
3 EL Paprikapulver
100 g Honig
800 g Lammkaree
Speisestärke zum Binden

Niveau
★

Fertig in gut
1 Tag

LAMMKARREE

MIT ANANAS-INGWER-MARINADE

1. Die Ananas vom Schopf befreien, längs halbieren, dann vierteln. Die Viertel schälen und vom Strunk befreien, das Fruchtfleisch in etwa 2 cm große Stücke schneiden. Den Ingwer schälen und hacken. Die Schalotten schälen und würfeln.

2. Die Ananasstücke mit Ingwer, Schalotten, Ingwersalz, Currypaste, Paprikapulver und Honig im Mixer fein pürieren. Das Lammkarree parieren, mit der Ananaspaste einreiben, zudecken oder in einen großen Gefrierbeutel geben; diesen verschließen. Das Karree 24 Stunden im Kühlschrank durchziehen lassen.

3. Am nächsten Tag das marinierte Fleisch aus der Marinade nehmen und diese abstreifen; die Marinade aufbewahren. Den Backofen auf 180 °C vorheizen. Das Fleisch in einer großen beschichteten Pfanne rundherum bei starker Hitze kräftig anbraten.

4. Die Marinade in einem kleinen Topf leicht erwärmen. Das angebratene Fleisch auf das tiefe Backblech setzen und die Marinade auf dem Fleisch verteilen. Das Lammkarree 8 bis 12 Minuten im vorgeheizten Ofen garen. Anschließend aus dem Ofen nehmen, etwa 10 Minuten ruhen lassen, wieder in den Ofen schieben und weitere 5 Minuten braten.

5. Den Braten aus dem Ofen nehmen, portionieren und auf vorgewärmten Tellern anrichten. Die Sauce mit etwas Ingwersalz abschmecken, nach Belieben mit Speisestärke binden und mit Duftreis zum Fleisch servieren.

Ingwersalz herstellen

Ein Stück frischen Ingwer schälen und abwiegen, dann im Mörser zerdrücken oder auf der Ingwerreibe fein reiben. Mit der gleichen Menge grobem Meersalz im Mörser fein zestoßen und vermengen. Das Ingwersalz am besten sofort verwenden. Falls etwas übrig bleiben sollte, dieses in einem fest verschlossenem Glas im Kühlschrank aufbewahren.

Lammrücken im Ganzen

Unterteilt wird er in das Kotelettstück (links) und das Lendenkotelett mit den Filets (rechts).

Kotelettstück

Kann im Ganzen mit oder ohne Fettrand zubereitet werden; liefert marmoriertes und saftiges Fleisch.

LAMMRÜCKEN

Das zarte Fleisch vom Lammrücken schmeckt im Ganzen im Ofen gegart oder als Einzel- oder Doppelkotelett in der Pfanne gebraten bzw. auf dem Grill geröstet ausgezeichnet. Feinschmecker bevorzugen regionale frische Ware, die es vor allem im Frühjahr und Frühsommer gibt. Doch auch tiefgekühltes Lammfleisch, das sachgerecht gelagert und aufgetaut wurde, kann von sehr guter Qualität sein.

Lendenkotelett

Das »Loin« ist zartfaserig und mager und kann im Ganzen als doppeltes Lendenkotelettstück gebraten werden. Im Bild ein Lendenkotelett mit innenliegendem Filet.

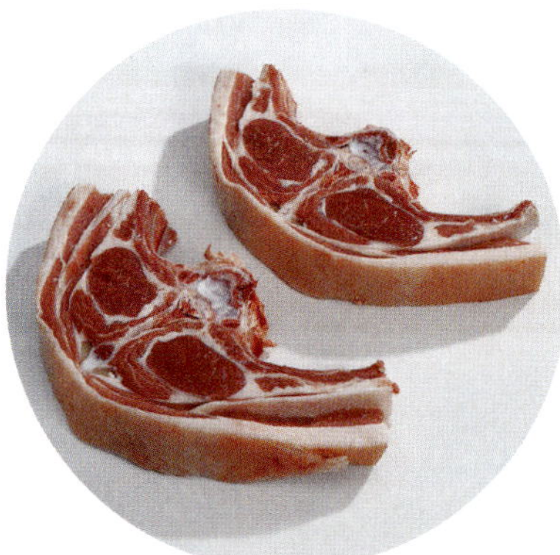

Doppelkoteletts

Doppel- oder Schmetterlingskoteletts werden aus dem Sattel – oft aus dem doppelten Lendenkotelett – geschnitten. Ideal zum Braten in der Pfanne oder zum Grillen.

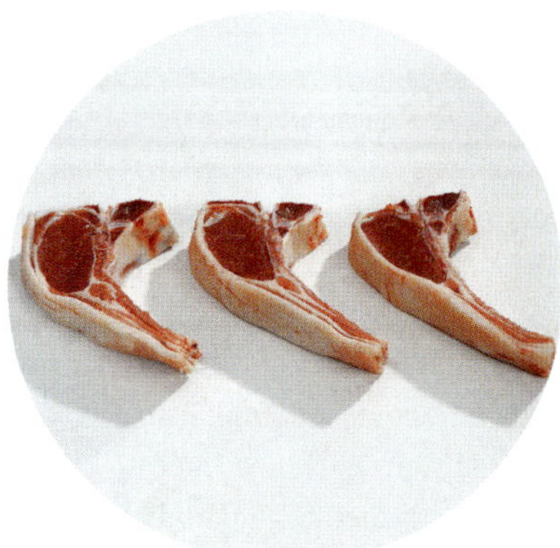

Stielkoteletts

Werden auch als »Chops« bezeichnet und aus dem Kotelettstück geschnitten, indem der Rücken zwischen den Rippenknochen durchtrennt wird.

Für den Lammrücken

2 Lammrückenfilets (je etwa 450 g; Haut dranlassen)

Salz

frisch gemahlener Pfeffer

3 EL Olivenöl

20 g Butter

Für das Gemüse

4 Stauden Chicorée

2 Orangen

100 g kalte Butter

1 TL Honig

Salz

frisch gemahlener Pfeffer

10 ml weißer Portwein oder Sherry

100 ml Lammjus

25 g grob gehackte Haselnüsse

1 kleines Bund Estragon

Niveau ★★

Fertig in 1:15 Std.

LAMMRÜCKEN

MIT CHICORÉE-ORANGEN-GEMÜSE

1. Den Backofen auf 160 °C vorheizen. Die Lammrückenfiletstücke mit Küchenpapier abtupfen und die Haut mit einem scharfen Messer schräg einritzen, damit sich das Fleisch beim Braten nicht hochwölbt. Die Rückenfilets mit Salz und Pfeffer würzen.

2. In einer ofenfesten Pfanne 2 EL Olivenöl erhitzen. Die Rückenfilets darin rundherum bei mittlerer Hitze anbraten. Die Pfanne in den heißen Ofen schieben und das Fleisch weitere 10 Minuten braten. Mit Alufolie bedecken und im ausgeschalteten Ofen warm halten.

3. Vom Chicorée den Strunk so herausschneiden, dass die Blätter noch zusammenhalten. Den Chicorée für 20 Minuten in lauwarmes Wasser legen, um eventuell vorhandene Bitterstoffe zu entfernen.

4. Inzwischen die Orangen so dick schälen, dass auch die weiße Innenhaut mitentfernt wird. Über einer Schüssel mit einem Messer die Orangenfilets zwischen den Häutchen auslösen; den aufgefangenen Saft aufbewahren. Chicorée aus dem Wasser nehmen und trocken tupfen.

5. In einer Pfanne 50 g Butter zerlassen und den Honig hinzufügen. Den Chicorée darin unter Wenden goldgelb anbraten; salzen, pfeffern, mit Portwein ablöschen und diesen komplett reduzieren. Den aufgefangenen Orangensaft angießen und einkochen lassen. Den Lammjus dazugießen und auf die Hälfte reduzieren. Orangenfilets und Nüsse unterrühren und die Sauce mit den restlichen 50 g Butter in Stücken binden.

6. Estragon waschen und trocken schütteln. Die Blätter in feine Streifen schneiden. Die Lammrückenfilets aus dem Ofen nehmen und im restlichen Olivenöl (1 EL) und der Butter kurz braten. Das Fleisch tranchieren und mit dem Gemüse anrichten; mit Estragon bestreuen. Dazu Kartoffeln oder frisches Weißbrot servieren.

1 ½ kg gepökelter, leicht geräucherter Schinkenbraten aus der Keule

2 EL Öl

2 rote Zwiebeln

2 Pastinaken

2 Möhren

1–2 Fenchelknollen

3 Stängel Majoran

2 EL gehackter Ingwer

je 2 TL Salz und Zucker

4 Lorbeerblätter

4 Kardamomkapseln

2 Kaffirlimettenblätter

800 ml Kokosmilch

600 ml Rosa-Grapefruit-Saft (von etwa 4 Früchten)

2 EL Schwarzteeblätter (Earl Grey)

2 TL gehacktes Koriandergrün

Niveau
★★

Fertig in
2:30 Std.

SCHINKENBRATEN

MIT GEWÜRZTEM KOKOS-TEE-FOND

1. Den Schinkenbraten mit Küchenpapier trocken tupfen. Das Öl in einem ofenfesten Schmortopf erhitzen und den Schinken mit der Schwarte nach unten darin 2 Minuten anbraten. Herausnehmen und die Schwarte mit einem scharfen Messer in etwa 1 cm Abstand quadratisch einschneiden (siehe Seite 244).

2. Die Zwiebeln, Pastinaken und Möhren schälen, waschen und grob würfeln. Den Fenchel putzen, waschen und ebenfalls in Würfel schneiden. Den Backofen auf 160 °C vorheizen. Das Gemüse mit dem Majoran und dem Ingwer im verbliebenen Öl im Bräter kurz anbraten; alles mit Salz und Zucker würzen.

3. Die Lorbeerblätter, die Kardamomkapseln und die Kaffirlimettenblätter dazugeben, die Kokosmilch und den Grapefruitsaft dazugießen. Alles kurz aufkochen lassen und den Schinken mit der Schwarte nach oben in die Sauce im Topf legen.

4. Den Topf in den vorgeheizten Ofen stellen und den Schinken darin offen etwa 2 Stunden garen. Zwischendurch die Schwarte alle 30 Minuten mit dem Fond übergießen. Den Schinken aus dem Bräter nehmen und ruhen lassen. Die Teeblätter in den Fond geben und darin etwa 2 Minuten ziehen lassen.

5. Den Schinken in Scheiben schneiden und den Kokos-Tee-Fond durch ein feines Sieb gießen. Zum Servieren den Fond mit je 2 Scheiben Schinken in vorgewärmten tiefen Tellern anrichten und mit dem Koriandergrün bestreuen. Nach Belieben geröstete kleine Kartoffeln, Reis oder auch Miniknödel oder Bratkartoffeln dazu reichen.

Rechtzeitig planen

Bestellen Sie den Schinkenbraten rechtzeitig beim Fleischer vor, möglicherweise muss er ihn noch pökeln und leicht räuchern.

Ein Muss in der Fleischküche: scharfe Messer, die gut in der Hand liegen, zum Schneiden von rohem und gegartem Fleisch.

HANDWERKSZEUG FÜR DIE FLEISCHKÜCHE

EIN KLEINES SORTIMENT AN (SPEZIAL)MESSERN IST FÜR DIE ALLTÄGLICHE FLEISCHKÜCHE UNVERZICHTBAR. DAGEGEN IST DIE ANWENDUNG VON GERÄTEN WIE HACKBEIL ODER KNOCHENSÄGE ZWAR EINE HERAUSFORDERUNG, ABER NICHT UNBEDINGT NÖTIG.

Messer-Know-how

Zum Schneiden, Wiegen und Hacken ist ein schweres Kochmesser mit harter, breiter Klinge unerllässlich, zum Parieren (also zum Entfernen von Sehnen, Fett, Knorpel und Haut) dagegen ein schmales Filiermesser mit weicherer, relativ langer Klinge.
Ein kleines Spickmesser leistet gute Dienste, wenn ein Fleischstück mit Kräutern, Knoblauch oder Speckstückchen versehen werden soll. Und mit einem Fleisch- oder Tranchiermesser lassen sich große Scheiben Fleisch, Wurst oder Schinken sauber abschneiden. Außerdem gibt es noch etliche Spezialmesser, vom Steak- bis zum Elektromesser.
Sind Messer stumpf, werden Fleischfasern nicht sauber durchtrennt, sondern zerrupft und zerrissen. Machen Sie den Test: Ein scharfes Messer durchschneidet eine Tomate oder Aubergine glatt. Tut es das nicht, sollten Sie es nachschärfen. Experten empfehlen, dies regelmäßig vom Messerschleifer professionell erledigen zu lassen.

Ein paar Spezialgeräte

Wer selbst Koteletts in Teile hacken sowie Keulen oder Knochen spalten möchte, der sollte dies mit der Knochensäge und dem Hackbeil tun. Mit

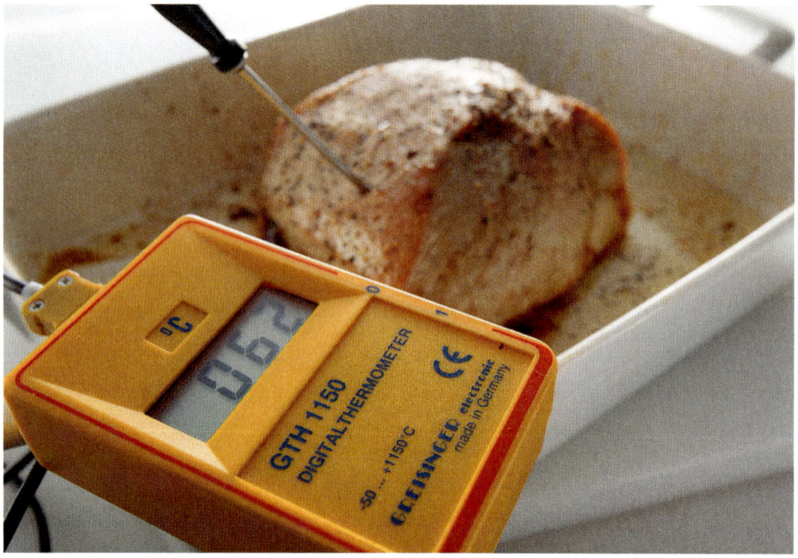

Die Kerntemperatur eines Bratens lässt sich mit einem elektronischen Fleischthermometer ganz exakt messen. Sie gibt Auskunft darüber, ob ein Braten gar ist (siehe Tabelle Seite 286).

dem Ausbeinmesser, das mit seiner langen, schmalen, flexiblen Klinge wie ein Dolch gehandhabt werden kann, löst der Profi Knochen aus. Wer dafür einen speziellen Handschuh aus Metallgeflecht trägt, schützt sich vor Schnittverletzungen. Mit einem Plattiereisen aus Edelstahl lassen sich Fleischscheiben gleichmäßig und dünn klopfen. Ersatzweise können Sie dafür auch eine robuste kleine Stielkasserolle verwenden. Ein Fleischwolf ist unverzichtbar, um Fleisch und Innereien frisch durchzudrehen und auch die Körnung zu variieren. Auch Nähzeug darf nicht fehlen: Mit Fleischnadel und ofenfestem Küchengarn wird beispielsweise eine gefüllte Kalbsbrust zugenäht. Anstelle der Fleischnadel kann man auch eine Leder- oder Teppichnadel nehmen oder die Öffnung mit Zahnstochern schließen. Mit einer Spicknadel werden Speck- oder Gemüsestreifen durch Fleisch gezogen.

Schneidbrett und Fleischgabel

Beim Aufschneiden von gebratenem oder gekochtem Fleisch ist ein Holz- oder Kunststoffbrett mit Saftrille von Vorteil. Der Fleischsaft wird in der Rille aufgefangen und kann in die Sauce gegeben werden. Und mit einer soliden Fleischgabel aus Edelstahll lässt sich ein großes Stück Fleisch nicht nur aus Topf und Pfanne heben, sondern auch beim Tranchieren fixieren.

Bräter und Pfannen

Bratgeschirr sollte stets einen planen Boden besitzen, damit sich das Bratfett gleichmäßig verteilen kann. Darüber hinaus sollten Boden und gegebenenfalls Topfwände die Wärme gleichmäßig verteilen. Zum Schmoren eignen sich Bräter aus Edelstahl oder Gusseisen mit schwerem Deckel und ofenfesten Griffen, Gleiches gilt für Bratpfannen. Beschichtete Pfannen sind für fettarmes Braten geeignet, oft vertragen sie jedoch keine starke Hitze. Geschnetzeltes oder gewürfeltes Fleisch lässt sich auch bestens im Wok knusprig braten. Spezielle Grillpfannen aus Gusseisen leisten gute Dienste, wenn das Grillen über Holzkohle, auf dem Elektro- oder Gasgrill nicht möglich ist.

Bratenthermometer

Um die Temperatur im Fleischinneren (die Kerntemperatur) zu messen, hilft ein Bratenthermometer. Ob man sich für ein einfaches oder eines mit elektronischem Temperaturfühler entscheidet, ist Geschmackssache.

600 g Schweinebauch mit Schwarte

1 Knoblauchzehe

2–3 EL Pökelsalz

frisch gemahlener Pfeffer

1 Msp. Kümmel

1 EL mittelscharfer Senf

1 EL Tannenhonig oder anderer würziger Honig

Niveau

★★

Fertig in

4:20 Std.

SCHWEINEBAUCH

MIT HONIG UND SENF

1. Die Schwarte des Schweinebauchs rautenförmig einschneiden. Besonders leicht geht das mit einem scharfen, sauberen Teppichmesser.

2. Den Knoblauch schälen und mit etwas Pökelsalz, Pfeffer und Kümmel im Mörser fein zerstoßen. Anschließend die Paste mit dem Senf verrühren. Die Schwarte des Schweinebauchs kräftig mit der Senfpaste einreiben. Das Fleisch in einen hitzebeständigen Kunststoffbeutel geben und vakuumieren oder luftdicht fest verschließen.

3. In einem flachen weiten Topf ein Wasserbad mit einer Temperatur von 80 °C vorbereiten. Den Beutel mit dem Schweinebauch in das Wasserbad legen und 2 Stunden ziehen lassen. Die Temperatur dabei halten. Den Backofen auf 80 °C vorheizen.

4. Den Beutel aus dem Wasserbad und den Schweinebauch aus dem Beutel nehmen, dabei den im Beutel entstandenen Fond auffangen. Das Fleisch in einer ofenfesten Pfanne auf der Schwartenseite langsam bei mittlerer Hitze braten, bis die Schwarte schön knusprig ist.

5. Den Schweinebauch auf die Fleischseite wenden. Den aufgefangenen Fond dazugießen und den Schweinebauch im Ofen noch etwa 2 Stunden garen.

6. Nach der Garzeit die Pfanne aus dem Ofen nehmen. Den Backofengrill aufheizen. Das Fleisch auf der Schwarte mit dem Honig bestreichen und in der Pfanne so lange unter den Grill schieben, bis der Honig karamellisiert ist. Zum Servieren den Braten in Scheiben schneiden und mit Blattsalaten anrichten.

500 g Schweinebauch

500 g Rindfleisch (aus der Schulter)

2 Zwiebeln

2 Knoblauchzehen

1 Bund glatte Petersilie

40 g Butter

2 Brötchen vom Vortag

⅛ l Milch

2 Eier

gemahlener Kümmel nach Geschmack

1 TL Paprikapulver

1 EL scharfer oder mittelscharfer Senf

2–4 TL gehackter Majoran

Salz

frisch gemahlener Pfeffer

Öl für das Blech

Niveau

★★

Fertig in

1:50 Std.

HACKBRATEN

VON SCHWEIN UND RIND

1. Die beiden Fleischsorten mit Küchenpapier trocken tupfen, in Würfel schneiden und beiseitestellen. Die Zwiebeln schälen und in dünne Scheiben schneiden. Den Knoblauch schälen und fein würfeln. Die Petersilie waschen, trocken schütteln, die Blättchen abzupfen und nicht zu fein hacken.

2. Die Butter in einer kleinen Pfanne zerlassen und die Zwiebelringe darin langsam goldgelb dünsten. Den Knoblauch und die Petersilie zu den Zwiebeln geben und alles weitere 2 Minuten braten, dann abkühlen lassen.

3. Den Backofen auf 170 °C vorheizen. Die Brötchen in Scheiben schneiden und in der Milch einweichen. Die Fleischwürfel mit der Zwiebelmischung und den gut ausgedrückten Brötchen durch die mittlere Scheibe des Fleischwolfs in eine große Schüssel drehen.

4. Die Hackfleischmasse mit den Eiern, den Gewürzen, dem Senf und dem Majoran gründlich vermengen, anschließend mit Salz und Pfeffer abschmecken.

5. Ein Backblech oder einen Bräter mit Öl fetten. Mit angefeuchteten Händen aus dem Fleischteig einen Laib formen und diesen auf das Blech bzw. in den Bräter setzen.

6. In den vorgeheizten Ofen schieben und den Hackbraten etwa 1 Stunde braten, bis er vollständig durchgegart ist. Blech oder Bräter aus dem Ofen nehmen. Den Hackbraten in Scheiben schneiden und nach Belieben mit Gemüse oder Blattsalaten der Saison servieren.

Sauce zum Braten

Der Bratansatz, der sich auf dem Blech oder im Bräter gebildet hat, ist eine aromatische Basis für eine feine Sauce zum Hackbraten. Dafür das Blech oder den Bräter auf den Herd stellen, etwa 200 ml Rotwein hineingießen und unter Rühren erhitzen. Dabei mit einem Spatel den Bratansatz lösen. Nach Belieben abschmecken, durch ein feinmaschiges Sieb gießen und zum fertigen Hackbraten servieren.

100 g frische oder 30 g getrocknete Morcheln
4 Tournedos vom Rinderfilet (je 140 g)
Salz
frisch gemahlener Pfeffer
2 EL Olivenöl
2 Schalotten
30 g Butter
geriebene Muskatnuss
80 ml Madeira
2 cl Cognac
8 Scheiben Gänse- oder Entenstopfleber (je 25 g)
Pastetengewürz (siehe Kasten)
2 EL Mehl
100 g Kalbsbrät
1 EL gehackte glatte Petersilie
8 TK-Blätterteigquadrate (je 12 x 12 cm)
1 Eiweiß
1 Eigelb
¼ l Kalbsjus
30–40 g kalte Butter, in Stücken

Niveau
★★
Fertig in
1:00 Std.

RINDERTOURNEDOS

MIT KALBS-MORCHEL-FARCE

1. Falls getrocknete Morcheln verwendet werden, diese in lauwarmem Wasser für mindestens 30 Minuten einweichen. Frische Morcheln mit einem Pinsel abbürsten, dann in eine Schüssel mit Wasser legen und so lange darin lassen, bis sich der Sand aus den Pilzhüten am Schüsselboden gesammelt hat.

2. Inzwischen die Tournedos mit Küchenpapier trocken tupfen und auf beiden Seiten mit Salz und Pfeffer bestreuen. In einer Pfanne 1 EL Olivenöl erhitzen und das Fleisch darin beidseitig kräftig anbraten; herausnehmen und kalt stellen.

3. Die Morcheln abtropfen lassen, in Streifen schneiden und trocken tupfen. Die Schalotten schälen und fein würfeln. In der Pfanne die Butter zerlassen und die Schalotten mit den Morcheln darin anbraten. Die Mischung mit Salz, Pfeffer und Muskatnuss würzen. Alles mit 40 ml Madeira und dem Cognac ablöschen, die Flüssigkeit bei starker Hitze verdampfen lassen und die Morchel-Schalotten-Mischung kalt stellen.

4. Die Gänseleberscheiben mit Salz, Pfeffer und Pastetengewürz würzen, mit wenig Mehl bestreuen und im restlichen Olivenöl in der Pfanne auf beiden Seiten kurz braten; herausnehmen und ebenfalls kalt stellen.

5. Den Backofen auf 220 °C vorheizen. Die Morchel-Schalotten-Mischung mit dem Kalbsbrät und der Petersilie zu einer Farce vermengen und zwei Drittel davon gleichmäßig auf und um die angebratenen Tournedos streichen (siehe Seite 278 Abb. 1 und 2). 4 Blätterteigstücke nebeneinander auf die Arbeitsfläche legen und je 1 bestrichenen Tournedo daraufsetzen.

6. Auf jedes Steak 2 Gänseleberscheiben geben und diese mit der restlichen Farce bedecken. Die freien Teigränder mit Eiweiß bepinseln, die Tournedos und Gänseleberscheiben mit den übrigen Blätterteigstücken bedecken und die Teigränder mit einer Gabel zusammendrücken. Das Eigelb mit etwas Wasser verquirlen und die Blätterteigtaschen damit bestreichen.

➜

1. Für die Farce die Schalotten-Morchel-Mischung mit Kalbsbrät und gehackter Petersilie zu einer streichfähigen Paste vermengen. 2. Die gebratenen Filetsteaks rundherum mit dem größten Teil der Farce bestreichen – sie sollen ganz davon umhüllt sein.

7. Die Blätterteigtaschen auf ein mit Backpapier belegtes Backblech setzen und im heißen Ofen (Mitte) etwa 12 Minuten backen, anschließend noch 5 Minuten im 80 °C warmen Ofen ruhen lassen.

8. Inzwischen den Kalbsjus mit dem restlichen Madeira erhitzen, die kalten Butterstücke mit einem Schneebesen in die Sauce schlagen, um sie zu binden. Die Tournedos mit der Sauce anrichten und servieren.

Pastetengewürz

Die Gewürzmischung gibt es im Feinkosthandel fertig zu kaufen, lässt sich aber auch leicht selbst herstellen. Dafür 20 g weiße Pfefferkörner, 10 g Koriandersamen, 25 g Thymian, 25 g Basilikum, 10 g Gewürznelken, 20 g frisch geriebene Muskatnuss, 15 g Lorbeerblätter, 10 g Pimentkörner, 10 g gemahlene Muskatblüte (Macis) und 30 g getrocknete Steinpilzen im Blitzhacker zu Pulver zerkleinern.

Für das Filet

650 g Rinderfilet (aus dem Mittelstück; etwa 8 cm ø)
40 g Butter
30 g schwarze Trüffelscheiben
40 ml Madeira oder Marsala
1 cl Cognac
Salz
2–3 EL Olivenöl
frisch gemahlener Pfeffer

Für die Sauce

20 g schwarze Trüffelwürfel
40 g Butter
Salz
40 ml Madeira
¼ l Kalbsjus

Niveau ★★

Fertig in 12:35 Std.

BŒUF TALLEYRAND

RINDERFILET MIT TRÜFFELN

1. Das Rinderfilet parieren und mit Küchenpapier trocken tupfen. Das Fleisch längs ein-, aber nicht durchschneiden, aufklappen und leicht flach drücken.

2. In einer kleinen Pfanne 20 g Butter zerlassen und die Trüffelscheiben darin schwach andünsten. Mit Madeira und Cognac ablöschen, mit wenig Salz würzen und die Flüssigkeit beinahe vollständig einkochen lassen. Die Madeira-Trüffel auf Raumtemperatur abkühlen lassen.

3. Das Fleisch mit den Madeira-Trüffeln belegen, je nach Dicke, aufrollen oder zusammenklappen und mit Küchengarn wie einen Rollbraten in Form binden. Die Rolle mit etwas Öl bestreichen, in Frischhaltefolie wickeln und für 12 Stunden in den Kühlschrank legen.

4. Zum Garen den Backofen auf 200 °C vorheizen. Das Fleisch aus der Folie wickeln und mit Salz und Pfeffer würzen. Das restliche Olivenöl in einer großen ofenfesten Pfanne erhitzen und das Filet darin rundherum anbraten. Die restliche Butter dazugeben.

5. Die Pfanne mit dem Fleisch in den Ofen stellen und das Fleisch unter ständigem Begießen mit der Bratbutter etwa 15 Minuten garen. Anschließend die Backofentemperatur auf 80 °C reduzieren und das Filet auf einem Gitter im Ofen warm halten.

6. Für die Sauce die Trüffelwürfel in 10 g aufgeschäumter Butter anschwitzen, leicht salzen, mit dem Madeira ablöschen und mit dem Kalbsjus auffüllen. Die Mischung 2 Minuten bei schwacher Hitze köcheln lassen und die restliche Butter in Stückchen darunterschlagen.

7. Das Rinderfilet aus dem Ofen nehmen und in Scheiben schneiden. Auf Tellern anrichten, mit der Sauce umgießen und das Filet nach Belieben mit Blattspinat und gebackenen Kartoffelspalten servieren.

Tournedos Rossini

Dafür pro Person zwei kleine Tournedos anbraten und mit je 1 Scheibe gebratener Gänsestopfleber und 1 Scheibe Trüffel belegen. Serviert wird der exquisite Leckerbissen in Kalbsjus mit Madeira.

Für das Roastbeef klassische Art

1 kg Roastbeef mit Fettauflage

Salz

frisch gemahlener Pfeffer

2–3 EL Öl

Für das Roastbeef in Salzkruste

1 ½ kg Roastbeef mit Fettauflage

2 EL grob zerstoßener schwarzer Pfeffer

1 Bund Thymian

1 kg Meersalz

1 Eiweiß

Niveau

★★

Fertig in

1:00 Std.

ROASTBEEF

KLASSISCH UND IN SALZKRUSTE GEGART

1. Für das klassische Roastbeef den Backofen auf 240 °C vorheizen. Das Roastbeef parieren und die Fettschicht mit einem scharfen Messer rautenförmig einschneiden. Das Fleisch salzen, pfeffern und rundherum mit Öl bepinseln.

2. Das Roastbeef auf den Backofenrost mit dem Blech darunter legen etwa 15 Minuten im heißen Ofen braten. Nun die Backofentemperatur auf 180 °C reduzieren und das Fleisch in weiteren 10 bis 15 Minuten fertig braten. Aus dem Ofen nehmen, in Alufolie wickeln und noch 15 Minuten ruhen lassen.

3. Für das Roastbeef in Salzkruste den Backofen auf 250 °C vorheizen. Das Fleisch parieren und mit dem Pfeffer einreiben. Für die Salzkruste Blättchen von den Thymianzweigen zupfen und in einer großen Schüssel mit dem Meersalz und dem Eiweiß vermengen.

4. Eine ofenfeste Form, die etwas größer als das Fleisch sein soll, 1 ½ cm hoch mit der Meersalzmasse füllen. Das Roastbeef auf die Salzschicht legen und vollständig mit Salzmasse umhüllen.

5. Die Form in den heißen Ofen schieben und das Fleisch 40 bis 45 Minuten garen. Aus dem Ofen nehmen und die Salzkruste mit einem Hammer aufschlagen, abheben und den Braten tranchieren.

Bei Niedrigtemperatur garen

Den Backofen auf 250 °C vorheizen und den Grill dazuschalten. 2 bis 2 ½ kg Roastbeef mit Fettauflage vorbereiten und würzen, wie beim klassischen Roastbeef beschrieben. Das Roastbeef zuerst 15 Minuten unter dem heißen Grill braten. Anschließend den Grill ausschalten, die Backofentemperatur auf 70 °C reduzieren (dafür die Ofentür öffnen) und das Fleisch bei dieser niedrigen Temperatur in 4 ½ Stunden fertig garen; das Roastbeef ist dann »medium«.

Mit einem Fleischthermometer, das in die Mitte eines Bratens gesteckt wird, lässt sich die Kerntemperatur genau messen.

BRATEN AUS DEM OFEN

GROSSE FLEISCHSTÜCKE WIE ROASTBEEF, ROLLBRATEN, SCHWEINEHAXE ODER LAMMKEULE GAREN IN ALLER RUHE UND OHNE GROSSEN AUFWAND IM OFEN ZU SAFTIGEN BRATEN. DAMIT SIE AUSSEN KNUSPRIG UND INNEN ZART WERDEN, MÜSSEN TEMPERATUR UND GARZEIT AUF JEDES FLEISCHSTÜCK ABGESTIMMT SEIN.

Das Braten im Ofen

Ein entscheidender Punkt für einen perfekten Braten ist das Anbraten in wenig Fett bei hoher Temperatur bzw. starker Hitze. Das ist nötig, damit sich die Poren so schnell wie möglich schließen, kein Fleischsaft austreten kann und der Braten schön saftig wird. Ob das Anbraten im heißen Fett auf dem Herd oder für 10 Minuten im 200 bis 220 °C heißen Ofen stattfindet ist Geschmackssache. Wichtig ist, dass nach dem Anbraten die Temperatur rasch auf die eigentliche Brattemperatur gesenkt wird – beispielsweise durch Öffnen der Backofentür. Anschließend kann man mit einem Backofenthermometer die Ofentemperatur genau bestimmen. (Die am Backofen eingestellte Temperatur entspricht oft nicht der tatsächlichen im Ofen.)

Regelmäßig begießen

Damit der Braten schön saftig wird, empfiehlt es sich, das Fleischstück während der Garzeit immer wieder mit Bratfett und dem entstandenen Jus zu übergießen. Kleinere Fleischstücke sollte man in einer passenden ofenfesten Form im Ofen braten, damit das Bratfett und der entstehende Jus nicht vorzeitig verbrennen, größere Teile in einem Bräter oder in der Fettpfanne des Backofens. Und

Wie lange braucht welches Fleischstück bei welcher Temperatur?										
Braten	Zubereitung	Elektrobackofen		Umluftbackofen		Gasbackofen		Niedertemperatur		Kerntemperatur
Hackbraten, 1 kg		190 °C	50–60 Min.	170 °C	50–60 Min.	Stufe 3	50–60 Min.	–		80 °C
Rinderfilet medium, 1 kg	anbraten:	220 °C	10 Min.	200 °C	10 Min.	Stufe 5	10 Min.	auf dem Herd	6–8 Min.	57–60 °C
	fertig garen:	160–180 °C	20 Min.	180 °C	15 Min.	Stufe 3	15 Min.	80 °C	2 ¼ Std.	
Roastbeef medium, 1 kg	anbraten:	220 °C	10 Min.	200 °C	15 Min.	Stufe 6	15 Min.	220 °C	10 Min.	57–60 °C
	fertig garen:	160–180 °C	20–25 Min.	180 °C	15 Min.	Stufe 3	15 Min.	70 °C	etwa 4 ½ Std.	
Kalbsnuss, 1 kg	anbraten:	200 °C	10 Min.	–		–		auf dem Herd	8–10 Min.	65–70 °C
	fertig garen:	180 °C	60 Min.	180 °C	70 Min.	Stufe 3	70 Min.	80 °C	2 ½–3 Std.	
Schweinefilet, 600 g	anbraten:	220 °C	5 Min.	–		–		auf dem Herd	5 Min.	65–70 °C
	fertig garen:	180 °C	10 Min.	180 °C	20 Min.	Stufe 3	20 Min.	80 °C	1 ½–1 ¾ Std.	
Schweinerücken, ausgelöst, 1 kg	anbraten:	–		–		–		auf dem Herd	8–10 Min.	70 °C
	fertig garen:	200 °C	35–40 Min.	180 °C	35–40 Min.	Stufe 3	35–40 Min.	80 °C	2–2 ½ Std.	
Lammkeule, 2 kg	anbraten:	–		–		–		auf dem Herd	8–10 Min.	60 °C
	fertig garen:	190–200 °C	50–60 Min.	180 °C	50–60 Min.	Stufe 3	50–60 Min.	80 °C	3–4 Std.	
Lammrücken, ausgelöst und gerollt, 1 kg	anbraten:	220 °C	5 Min.	210 °C	5 Min.	Stufe 5	5 Min.	auf dem Herd	3–4 Min.	60 °C
	fertig garen:	180 °C	20–25 Min.	160 °C	20–25 Min.	Stufe 2–3	20–25 Min.	80 °C	60–80 Min.	

noch was: Würzen sollte man einen Braten immer erst kurz bevor er in den Ofen geschoben wird.

Fleisch muss entspannen

Je nach Größe sollte ein Braten, nachdem er aus dem Ofen genommen wurde, mindestens 10 Minuten Zeit zum »Entspannen« haben, das heißt man sollte ihn bei Raumtemperatur beispielsweise auf dem Schneidbrett ruhen lassen. In dieser Zeit kann sich der Fleischsaft aus dem Inneren wieder im ganzen Stück verteilen. Schneidet man den Braten sofort an, läuft der Saft aus, und das Fleisch wird trocken.

Niedertemperaturgaren

Hierfür wird das Fleisch angebraten, allerdings nicht zu heiß, bevor es dann bei 70 °C (kleinere Stücke) oder bei 80 °C (größere Stücke) im Ofen weitergart. So werden Braten ebenfalls wunderbar saftig und zart, denn auch bei etwas niedrigerer Temperatur schließen sich beim Anbraten die Poren und der Fleischsaft zieht sich ins Innere zurück. Bleibt die Temperatur dann konstant zwischen 56 und 90 °C, kann sich das Fleisch langsam entspannen, der Fleischsaft zirkuliert und verteilt sich nach und nach wieder im ganzen Stück. Dabei gart der Braten weiter, allerdings sehr viel langsamer als bei höherer Temperatur.

Übrigens: Ein Braten, der bei niedriger Temperatur langsam im Ofen gegart wurde, braucht vor dem Tranchieren nicht extra ruhen, da der Fleischsaft sich während der Garzeit bereits im Inneren des Bratens gleichmäßig verteilt hat.

Wann ist der Braten gar?

Um den Garverlauf eines Bratens zu überprüfen, sollte man immer wieder die Kerntemperatur mittels eines Bratenthermometers messen (siehe Abb. Seite 285) – an ihr lässt sich der Gargrad genau ablesen (siehe Tabelle oben).

Für das Milchkalbskarree

1 ½–2 kg Milchkalbskarree mit Knochen

Salz, frisch gemahlener Pfeffer

2 EL Olivenöl

je 3 Zweige Rosmarin und Thymian

12 dünne Scheiben Rückenspeck

3 Eiweiß

2–2 ½ kg graues Meersalz

je 3 TL schwarzer und Szechuanpfeffer

Für den Kartoffelrisotto

900 g festkochende Kartoffeln

Salz

2 Schalotten

1 EL Olivenöl

50 g Butter

300 ml heller Kalbsfond

30 g frisch geriebener Parmesan

1 kleines Bund glatte Petersilie

4 schwarze Oliven, entsteint

1 ½ getrocknete Tomaten

Saft von ½ Limette

2 EL geschlagene Sahne

Niveau
★★

Fertig in
2:15 Std.

MILCHKALBSKARREE

IN DER SALZKRUSTE

1. Den Backofen auf 160 °C vorheizen. Das Kalbskarree mit Küchenpapier trocken tupfen, salzen und pfeffern. Das Olivenöl in einer großen Pfanne erhitzen und das Fleisch darin rundherum anbraten; herausnehmen, mit Küchenpapier abtupfen und auskühlen lassen.

2. Von den Kräutern die Blätter abstreifen bzw. die Rosmarinzweige in kurze Stücke zupfen. Anschließend das vorbereitete Kalbskarree auf ein Blech legen, mit den Kräutern belegen und mit den Speckscheiben umwickeln. Dafür das Fleisch zuerst oben mit Speck belegen, dann umdrehen und auf der anderen Seite belegen, darauf achten, dass auch die Seiten mit Speck bedeckt sind (siehe Seite 290 Abb. 1).

3. Für die Salzkruste die Eiweiße verquirlen. In einer großen Schüssel das Meersalz mit den leicht schaumig geschlagenen Eiweißen und den beiden Pfeffersorten vermischen. Ein Backblech mit Alufolie belegen und in Größe des Karrees mit der Salzmasse bestreuen.

4. Das bardierte Kalbskarree darauflegen und mit einer dünnen Salzschicht bedecken (siehe Seite 290 Abb. 2). Das Blech in den heißen Ofen schieben und das Kalbskarree 1 bis 1 ¼ Stunden garen.

5. Während das Fleisch im Ofen gart, für den Kartoffelrisotto die Kartoffeln schälen und in 2 cm große Würfel schneiden. Die Würfel in Salzwasser in 6 bis 8 Minuten halb gar kochen, dann abgießen und auskühlen lassen. Die Schalotten schälen und fein würfeln. Das Olivenöl mit 10 g Butter in einem Topf erhitzen und die Schalottenwürfel darin glasig dünsten.

6. In der Zwischenzeit den Kalbsfond erhitzen. Die Kartoffelwürfel zu den Schalotten geben, leicht salzen und mit einem Teil des heißen Fonds bedecken. Die Flüssigkeit unter ständigem Rühren einkochen lassen und so lange etwas Fond angießen, bis die Kartoffeln weich, aber nicht verkocht sind (sie sollten noch stückig sein, nicht ganz zerfallen).

➧

1. Das angebratene und trocken getupfte Kalbskarree zuerst mit kurzen Rosmarinzweigen und Thymianblättchen bestreuen, dann mit den Speckstreifen leicht überlappend belegen (bardieren). 2. Das bardierte Kalbskarree mit einer dünnen Schicht Salzmischung bedecken (die Knochen sollen freibleiben) und das Salzgemisch leicht andrücken.

7. Die übrige Butter und den Parmesan locker unter die Kartoffeln mischen. Die Petersilie waschen, trocken schütteln, die Blättchen abzupfen und hacken. Die Oliven und die getrockneten Tomaten fein würfeln und mit der Petersilie unter den Kartoffelrisotto heben. Kartoffelrisotto mit Salz und Limettensaft abschmecken und mit der geschlagenen Sahne verfeinern.

8. Das Kalbskarree aus dem Ofen nehmen und 15 Minuten ruhen lassen. Mithilfe eines Löffels die Salzkruste aufschlagen. Die Speckstreifen vorsichtig vom Fleisch lösen und das Karee zwischen den Knochen aufschneiden. Die Kalbskoteletts auf vorgewärmten Tellern mit dem Kartoffelrisotto anrichten und sofort servieren.

Graues Meersalz

Unter der Bezeichnung Sel gris oder Sel Guérande wird das grobe Meersalz aus der Bretagne verkauft. Die typische graue Farbe entsteht durch die Verbindung der groben Salzkristalle mit Mineralien und Schwebstoffen im Erntebecken. Charakteristisch für das graue Meersalz ist außerdem sein hoher Feuchtigkeitsgehalt (immerhin 13 Prozent), weshalb es sich sehr gut für Salzkrusten eignet.

Für das Lammfleisch

700 g ausgelöster Lammrücken (Lammrückenfilet, Lammlachs)

½ EL geschroteter Pfeffer

5 EL Olivenöl

Für den Salzmantel

1 ½ kg mittelgrobes Meersalz

2 Eiweiß

3 EL gehackter Thymian

3 EL gehackter Rosmarin

Niveau
★★

Fertig in
2:30 Std.

LAMMRÜCKENFILET

IM THYMIAN-ROSMARIN-SALZMANTEL

1. Das Fleisch trocken tupfen und rundherum mit dem geschroteten Pfeffer einreiben. Das Olivenöl in einer Pfanne erhitzen und das Lammfleisch darin bei starker Hitze anbraten. Den Backofen auf 90 °C vorheizen.

2. Das Meersalz mit den Eiweißen, dem Thymian und dem Rosmarin in einer Schüssel vermischen. Ein Backblech mit Backpapier belegen und die Hälfte der Salzmischung darauf verteilen.

3. Das Lammrückenfilet auf das Salz legen und mit der übrigen Salzmischung bedecken, dabei gut andrücken. Das Fleisch muss komplett vom Salz umhüllt sein. Das Blech in den heißen Ofen (Mitte) schieben und das Fleisch etwa 1 Stunde 45 Minuten garen.

4. Das Blech aus dem Ofen nehmen und das Fleisch in der Salzkruste etwa 5 Minuten ruhen lassen. Anschließend die Salzkruste mit einem Hammer vorsichtig aufklopfen und vom Fleisch ablösen. Das Lammrückenfilet tranchieren und sofort servieren. Dazu passen sehr gut Ratatouille und Risotto.

Mit Kalbsfilet

Anstelle des ausgelösten Lammrückens können Sie sehr gut Kalbsfilet (oder auch Schweinefilet) verwenden. In diesem Fall empfiehlt es sich das Meersalz statt mit Thymian und Rosmarin mit 5 EL gehackter Petersilie und 1 EL abgeriebener unbehandelter Zitronenschale zu aromatisieren.

Für die Medaillons

2 nicht zu dünne Kalbsschwänze (je 400–450 g)

½ Bund glatte Petersilie

1 Knoblauchzehe

60 ml Weißwein

2 Zweige Thymian

frisch geriebene Muskatnuss

Salz

1 Schweinenetz (1 Stunde gewässert)

2 EL Olivenöl

Für die Füllung

600 g gleich große mehligkochende Kartoffeln

100 g Champignons

1 Zwiebel

50 g durchwachsener Speck

10 g Butter

2 Eigelb

20 g Speisestärke

1 EL gehackte glatte Petersilie

1 TL gehacktes Liebstöckel

Salz, frisch gemahlener Pfeffer

frisch geriebene Muskatnuss

Für die Sauce

1 kleine Möhre

1 Stange Staudensellerie

2 kleine Zwiebeln

1 Knoblauchzehe

20 g Butter

⅛ l Weißwein

½ l Kalbsjus

1 Zweig Thymian

Niveau ★★★

Fertig in 15:00 Std.

MEDAILLONS
VOM KALBSSCHWANZ MIT FÜLLUNG

1. Die Kalbsschwänze auslösen. Dafür die Knorpel mit einem scharfen, spitzen Messer so freilegen, dass im Fleisch möglichst wenig Löcher sind und es ringsherum noch zusammenhängt (siehe Abb. Seite 297). Das ausgelöste Kalbsschwanzfleisch gut plattieren und in eine Form legen.

2. Die Petersilie waschen und trocken schütteln, die Blätter abzupfen und grob hacken. Den Knoblauch schälen und in dünne Scheiben schneiden. Weißwein, Petersilie, Thymianzweige, Muskatnuss und Knoblauch auf dem Fleisch in der Form verteilen und das Fleisch in der Marinade 12 Stunden im Kühlschrank durchziehen lassen.

3. Den Backofen auf 190 °C vorheizen. Für die Füllung die Kartoffeln gründlich unter fließendem Wasser abbürsten, in eine ofenfeste Form oder auf ein Backblech legen und im heißen Ofen, je nach Größe, in 45 bis 60 Minuten weich backen. Herausnehmen, schälen und die Kartoffeln durch ein Sieb in eine Schüssel passieren.

4. Während die Kartoffeln garen, die Pilze putzen und grob hacken. Die Zwiebel schälen und klein würfeln, den Speck ebenfalls klein würfeln. In einer Pfanne die Butter zerlassen. Die Speckwürfel mit den Zwiebelwürfeln und den Pilzstückchen darin glasig braten.

5. Die Pfanne vom Herd nehmen und die Speck-Pilz-Mischung etwas abkühlen lassen. Dann zur Kartoffelmasse geben und mit den Eigelben, der Stärke und den Kräutern untermischen. Die Masse mit Salz, Pfeffer und Muskat würzen.

6. Die ausgelösten Kalbsschwänze aus der Marinade nehmen. Daran haftende Kräuter und Knoblauch abstreifen und das Fleisch mit Küchenpapier trocken tupfen.

➡

1. Die ausgelösten und marinierten Kalbsschwänze jeweils mit der Hälfte der Kartoffelfüllung gleichmäßig bestreichen. Anschließend jedes Fleischstück von einer Längsseite her locker aufrollen. 2. Die Rollen quer in Medaillons schneiden und diese jeweils in ein Stück gewässertes Schweinenetz wickeln.

7. Das marinierte Fleisch auf einem Schneidbrett ausbreiten, salzen und jeweils mit der Hälfte der Füllung bestreichen. Die Fleischteile aufrollen, in Medaillons schneiden und diese jeweils in ein Stück gewässertes Schweinenetz wickeln (siehe oben Abb. 1 und 2).

8. Die Medaillons salzen. Das Olivenöl in einer ofenfesten Pfanne erhitzen und die Medaillons darin auf beiden Seiten anbraten, dann herausnehmen. Das Öl aus der Pfanne gießen.

9. Für die Sauce Möhre, Selleriestange und Zwiebeln schälen bzw. putzen und in feine Würfel schneiden. Den Knoblauch schälen und zerdrücken. Die Butter in der Pfanne aufschäumen lassen und das Gemüse darin hell anbraten.

10. Das Gemüse mit dem Wein ablöschen und den Kalbsjus dazugießen. Thymian und Knoblauch hinzufügen, die Medaillons dazugeben und im 190 °C heißen Ofen etwa 1 Stunde 20 Minuten offen schmoren, dabei ab und zu mit dem Fond übergießen.

11. Die Medaillons aus der Pfanne nehmen, die Sauce durch ein feines Sieb gießen und abschmecken. Zum Servieren die Medaillons mit der Sauce auf Tellern anrichten; nach Belieben junge Möhren und Morcheln als Beilagen dazu reichen.

Schweinenetz

Das netzartig von Fettadern durchzogene Gewebe aus dem Bauchfell löst sich während des Bratens langsam auf. Damit das Schweinenetz geschmeidig wird, muss es vor der Verwendung 1 bis 2 Stunden in kaltem bis lauwarmem Wasser eingeweicht werden. Anschließend gut abtropfen lassen, etwas trocken tupfen und mit der Küchenschere in Stücke schneiden.

Für das Fleisch

1 ausgelöster Spanferkelrücken (600–800 g; Schwarte dranlassen)

Salz

frisch gemahlener Pfeffer

2–3 EL Öl

1 EL Butter

Minzeblättchen für die Garnitur

Für das Selleriepüree

1 Schalotte

2 Champignons

250 g Knollensellerie

30 g Butter

100 ml Geflügelfond

100 g Sahne

Salz

Zitronensaft

Für das Minzpesto

1 kleines Bund Minze

1 EL Pinienkerne

½ unbehandelte Orange

1 ½ TL Kümmel

1 kleine Knoblauchzehe

1 EL frisch geriebener Parmesan

Salz

200 ml Traubenkernöl, mehr Öl nach Bedarf

Niveau

★★

Fertig in

1:20 Std.

SPANFERKELRÜCKEN

MIT MINZPESTO UND SELLERIEPÜREE

1. Wasser etwa 1 cm hoch in einen Topf füllen und zum Kochen bringen. Das Fleisch mit der Schwarte nach unten nur für 30 bis 40 Sekunden in das kochende Wasser geben; herausnehmen. Die Schwarte mit einem scharfen Messer oder mit einem sauberen Teppichmesser einritzen, ohne das Fleisch dabei zu verletzen.

2. Für das Sellerierpüree die Schalotte schälen, die Champignons putzen und beides fein würfeln. Den Sellerie schälen und ebenfalls in feine Würfel schneiden. Den Backofen auf 160 °C vorheizen.

3. In einem ofenfesten Topf die Butter zerlassen und die Schalotten mit den Champignons darin kurz dünsten. Den Sellerie hinzufügen und kurz mitdünsten. Alles mit dem Fond ablöschen und das Gemüse zugedeckt im Ofen in 10 bis 15 Minuten weich garen.

4. Inzwischen für das Pesto die Minze waschen, trocken schütteln und die Blätter abzupfen. Die Pinienkerne in einer Pfanne ohne Fett rösten. Die Orange waschen, abtrocknen und die Schale fein abreiben. Den Kümmel im Mörser fein zerstoßen. Den Knoblauch schälen und fein hacken.

5. Die Minzeblätter mit den gerösteten Pinienkernen, dem Parmesan, der Orangenschale, den Gewürzen und dem Traubenkernöl in den Mixer geben und alles zu einer homogenen Paste verarbeiten. Falls nötig mehr Öl unterrühren, bis das Pesto die gewünschte Konsistenz hat.

6. Den Spanferkelrücken rundherum mit Salz und Pfeffer einreiben. In einer ofenfesten Pfanne das Öl erhitzen und das Fleisch mit der Schwarte nach unten darin bei schwacher Hitze mindestens 10 Minuten anbraten. So lange braten, bis das Fett austritt und die Schwarte schön knusprig ist.

➧

Den gebratenen Spanferkelrücken erst tranchieren, nachdem er ein paar Minuten ruhen konnte. So bleibt der Saft beim Aufschneiden im Braten und tritt nicht aus.

7. Das Gemüse aus dem Ofen nehmen. Den Spanferkelrücken mit dem Bratfett übergießen, wenden (die Schwarte ist jetzt also oben) und im heißen Backofen etwa 15 Minuten braten. Währenddessen das Selleriepüree fertigstellen. Dafür die Sahne zum Gemüse geben, das Ganze pürieren, mit Salz und Zitronensaft abschmecken und das Püree warm halten.

8. Den Spanferkelrücken aus dem Ofen und der Pfanne nehmen und 10 Minuten ruhen lassen. Anschließend die Butter in der Pfanne aufschäumen und das Fleisch darin kurz nachbraten.

9. Zum Servieren den Spanferkelrücken leicht schräg in dünne Scheiben schneiden und mit dem Selleriepüree anrichten. Alles mit dem Minzpesto beträufeln und mit ein paar Minzeblättchen garnieren.

Alternativen

Ein Schweinefilet können Sie auf die beschriebene Art ebenfalls zubereiten, auch dazu schmeckt das Minzpesto ausgezeichnet. Falls keine frische Minze zu bekommen ist, kann das Pesto stattdessen mit jungen Bärlauchblättern, Koriandergrün oder (auf klassische Art) mit Basilikum gemixt werden.

2 Zickleinkeulen (1–1,2 kg)
4–5 EL Olivenöl
12 Knoblauchzehen
6 rote Zwiebeln
30 grüne Kalamata-Oliven mit Stein
1,2 l Geflügelfond
Salz
6 größere Zweige Rosmarin
3 EL sehr fein gehackte Rosmarinnadeln
3 EL Dijonsenf
1–1 ½ TL Speisestärke

Niveau
★★

Fertig in
2:10 Std.

ZICKLEINKEULEN

MIT KNOBLAUCH UND ROSMARINJUS

1. Den Backofen auf 140 °C vorheizen. Die Keulen trocken tupfen. In einem Bräter das Olivenöl erhitzen und die Zickleinkeulen darin rundherum bei starker Hitze anbraten; vom Herd nehmen und die Keulen aus dem Bräter nehmen. Die Knoblauchzehen und die Zwiebeln schälen.

2. Jede Keule auf der Ober- und Unterseite dreimal mandelförmig einschneiden und in jeden Schnitt 1 Knoblauchzehe stecken. Die Zwiebeln in Viertel schneiden und mit den Oliven im verbliebenen Öl im Bräter kurz dünsten. Alles mit dem Geflügelfond ablöschen und diesen bei starker Hitze auf die Hälfte reduzieren.

3. Die Keulen in den Fond legen, salzen und mit den Rosmarinzweigen bedecken. Die Zickleinkeulen 45 Minuten offen im vorgeheizten Ofen garen. Den Bräter aus dem Ofen nehmen, die Keulen herausheben und mit den Oliven auf einer vorgewärmten Servierplatte anrichten; bei 70 °C im Ofen warm halten.

4. Die Rosmarinzweige aus dem Fond nehmen und den Fond mit den Zwiebeln in einer Kasserolle aufkochen. Den gehackten Rosmarin und den Senf hinzufügen, unterrühren und alles noch etwa 4 Minuten köcheln lassen.

5. Die Sauce durch ein feines Sieb passieren, mit etwas angerührter Speisestärke binden und mit Salz abschmecken. Die Zickleinkeulen tranchieren und mit den Oliven und der Sauce servieren. Dazu passen sehr gut Artischocken mit Thymian.

Für den Zickleinrücken

1 Zickleinrücken mit Bauchlappen (etwa 2 kg)

2 Möhren

3 Stangen Staudensellerie

1 Gemüsezwiebel

2 Knoblauchzehen

2 Tomaten

3 EL Olivenöl

1 Zweig Rosmarin

2 Zweige Thymian

2 Lorbeerblätter

4–5 Stängel Petersilie

½ TL schwarze Pfefferkörner

¼ l Weißwein

½ l Kalbsfond

500 g Salz

250 g Zucker

125 g rosenscharfes Paprikapulver

1 kg Butterschmalz

frisch gemahlener Pfeffer

Für die Füllung

½ frisches Baguette (125 g)

1 Bund Basilikum

1 Knoblauchzehe

3 EL Pinienkerne

80 ml Olivenöl

1 Ei

20 g geriebener Parmesan

Salz

Niveau ★★★

Fertig in 16:00 Std.

ZICKLEIN-ROLLBRATEN

MIT PESTO-BROT-FÜLLUNG

1. Den Zickleinrücken am besten vom Händler längs halbieren, die Rippenknochen auslösen und hacken lassen. Möhren, Selleriestangen und Zwiebel putzen bzw. schäen und würfeln. Knoblauch schälen, Tomaten waschen und in grobe Stücke schneiden.

2. In einem Topf das Olivenöl erhitzen und die gehackten Knochen darin goldbraun rösten. Möhren, Sellerie und Zwiebel hinzufügen und kurz mitrösten.

3. Anschließend die Knoblauchzehen, die Tomatenwürfel, die Kräuter und die Pfefferkörner in den Topf geben. Weißwein und Kalbsfond dazugießen und alles 1 bis 1 ½ Stunden zugedeckt köcheln lassen.

4. Für die Füllung das Baguette mit einem scharfen Messer oder auf der Aufschnittmaschine in hauchdünne Scheiben schneiden; diese in eine größere Schüssel geben. Vom Basilikum die Blätter abzupfen. Knoblauch schälen und grob zerkleinern. Basilikumblätter und Knoblauch mit den Pinienkernen im Mixer oder im Mörser fein zerkleinern. Das Öl nach und nach unter Rühren dazugeben, bis eine geschmeidige Paste entstanden ist.

5. Das Pesto mit dem Ei und dem Parmesan unter die Brotscheiben mischen, das geht am besten mit einem Kochlöffel oder mit den Händen. Die Masse leicht salzen.

6. Das Fleisch auf der Arbeitsfläche ausbreiten, trocken tupfen und die Brotfüllung darauf verteilen. Das Fleisch, aufrollen und mit Küchengarn wie einen Rollbraten in Form binden.

7. Das Salz, den Zucker und das Paprikapulver in einer länglichen flachen Form vermischen. Den Rollbraten darin wälzen, um ihn mit der Würzmischung zu bedecken, dann in der Würzmischung im Kühlschrank 30 Minuten durchziehen lassen; anschließend vorsichtig abspülen.

➡

Eine geniale Methode, deren Aufwand sich lohnt: Der Zickleinrollbraten wird zunächst fest in Folie verpackt und pochiert, anschließend gekühlt und erst dann knusprig im Ofen gebraten. So entsteht ein butterzarter, hocharomatischer Braten.

8. Das Fleisch in einen Vakuumbeutel geben, das Butterschmalz hinzufügen und den Beutel mit dem Vakuumiergerät verschließen. Das Fleisch im Beutel 45 Minuten in 90 °C heißem Wasser pochieren. Danach 12 Stunden im Beutel mit dem Butterschmalz auskühlen lassen.

9. Den Backofen auf 210 °C vorheizen. Den Zickleinrollbraten aus dem Beutel nehmen, vom fest gewordenen Butterschmalz befreien und etwa 40 Minuten im Ofen garen. Währenddessen die Kruste alle 10 Minuten mit Wasserdampf besprühen oder mit ein wenig Wasser benetzen. Den Braten gelegentlich wenden und zum Schluss kurz unter den heißen Grill stellen.

10. Den Braten aus dem Ofen nehmen, das Garn entfernen und das Fleisch tranchieren. Die Sauce um ein Drittel reduzieren, durch ein feines Sieb gießen und mit Salz und Pfeffer abschmecken. Den Zickleinrücken mit der Sauce auf vorgewärmten Tellern anrichten. Als Beilage passen Salat oder Gemüse der Saison.

Im Gefrierbeutel pochieren

Eine Alternative zum Vakuumieren ist, den Zickleinrollbraten zusammen mit dem Butterschmalz in einen hitzebeständigen Kunststoffbeutel (Gefrierbeutel) zu geben und diesen dann sehr fest zu verschließen – während des Pochierens darf kein Tröpfchen Wasser in den Beutel gelangen.

Für die Nieren

2 Kalbsnieren mit Fett
1 Schalotte
1 Knoblauchzehe
100 g junger Blattspinat
4 Wacholderbeeren
30 g Butter, Salz
frisch gemahlener Pfeffer
frisch geriebene Muskatnuss
1 Scheibe Toastbrot
1 EL Öl
1 Zweig Rosmarin

Für die Sauce

1 Schalotte
20 g Butter
4 cl Gin
60 ml Weißwein
⅛ l Rinderbrühe
2 EL Kalbsjus
1 EL Crème fraîche
1 EL geschlagene Sahne
Salz
frisch gemahlener Pfeffer
Zitronensaft

Niveau
★★

Fertig in
1:45 Std.

KALBSNIEREN

MIT SPINAT-WACHOLDER-FÜLLUNG UND GIN-SAUCE

1. Die Nieren mit Küchenpapier abtupfen. Das Nierenfett bis auf eine 5 mm dicke Schicht von den Nieren abtrennen. Die Nieren aufschneiden, das innenliegende Fett und die Röhren entfernen.

2. Schalotte und Knoblauch schälen und fein würfeln. Den Spinat waschen und gut abtropfen lassen. Die Wacholderbeeren fein hacken. In einer Kasserolle 10 g Butter erhitzen und die Schalotte darin glasig dünsten.

3. Den Spinat in die Kasserolle geben, zusammenfallen lassen und mit Salz, Pfeffer, Muskat, Knoblauch und Wacholder würzen. Alles kurz dünsten, auf Eis abkühlen lassen und den Spinat in einem Sieb gut ausdrücken.

4. Die Toastbrotscheibe in kleine Würfel schneiden und diese in 10 g Butter goldgelb rösten. Die Croûtons unter den Spinat mengen und die Nieren mit dem Spinat füllen.

5. Den Backofen auf 200 °C vorheizen. Die Nieren mit Küchengarn umwickeln, salzen und pfeffern. In einer ofenfesten Pfanne das Öl erhitzen und die gefüllten Nieren darin rundherum kräftig anbraten. Die übrige Butter und den Rosmarin hinzufügen. Die Pfanne in den heißen Ofen stellen und die Nieren noch etwa 20 Minuten braten. Herausnehmen und bei 70 °C im Ofen warm halten.

6. Für die Sauce die Schalotte schälen und fein würfeln. Das Nierenbratfett aus der Pfanne gießen, 10 g Butter darin erhitzen und die Schalottenwürfel darin hellbraun braten, dann mit Gin und Weißwein ablöschen. Rinderbrühe und Kalbsjus angießen und die Sauce auf die Hälfte reduzieren.

7. Die Crème fraîche unter die Sauce rühren und alles mit dem Stabmixer aufschlagen. Die geschlagene Sahne unterheben und die Sauce mit Salz, Pfeffer und Zitronensaft abschmecken. Die Nieren in der übrigen Butter erhitzen, in Scheiben schneiden und mit der Sauce anrichten.

Für das Kalbsherz

1 Kalbsherz (etwa 600 g)
3 Zweige Rosmarin
1 TL Salz
2 EL Öl
3 Knoblauchzehen
30 g Butter

Für die Polenta

2 Zweige Salbei
1 rote Zwiebel
1 Chilischote
2 EL Öl
8 EL Polentagrieß (etwa 120 g)
1 TL gemahlene Kurkuma
1 TL gemahlener Kreuzkümmel
1 TL Salz
1 TL Zucker
¼ l Maracujasaft
¼ l Gemüsefond
100 g Butter
3 Maracujas
1 EL ungesalzene Pistazienkerne
50 g Parmesan, frisch gehobelt oder gerieben

Niveau
★★

Fertig in
0:45 Std.

KALBSHERZ

MIT MARACUJAPOLENTA

1. Den Backofen auf 200 °C vorheizen. Das Kalbsherz längs aufschneiden und von allen Adern und Häutchen befreien. Falls vorhanden, auch das sichtbare Fett entfernen, ohne das Fleisch dabei zu verletzen. Das Herz kalt abspülen, trocken tupfen, innen und außen salzen. Die Rosmarinzweige waschen, trocken schütteln und zwischen das Fleisch stecken. Das Herz mit Küchengarn nicht zu fest zusammenbinden.

2. Das Öl in einer ofenfesten Pfanne erhitzen und das Herz darin rundherum anbraten, dann auf seine breite Seite stellen. Die Pfanne in den heißen Ofen (Mitte) schieben und das Herz in 20 bis 25 Minuten fertig garen.

3. Inzwischen für die Polenta die Salbeiblätter waschen, trocken schütteln und in feine Streifen schneiden. Die Zwiebel schälen und fein würfeln. Die Chilischote längs aufschneiden, entkernen und sehr fein zerkleinern. Das Öl in einem Topf erhitzen und die Zwiebelwürfel mit dem Polentagrieß darin unter Rühren glasig dünsten.

4. Die Polenta mit Kurkuma, Kreuzkümmel, Salz, Zucker und Chili würzen und den Salbei hinzufügen. Alles mit Maracujasaft und Gemüsefond ablöschen und 15 Minuten unter Rühren köcheln lassen. Dabei nach und nach die Butter dazugeben.

5. Die Pfanne mit dem Herz aus dem Ofen nehmen. Das Herz in Alufolie wickeln und 10 Minuten bei Raumtemperatur ruhen lassen. Die Maracujas halbieren, das Fruchtfleisch herauslösen und durch ein Sieb streichen. Die Pistazien kurz rösten und noch warm mit dem Maracujafruchtfleisch unter die Polenta mengen. Den Topf vom Herd nehmen und den Parmesan unterrühren.

6. Die Knoblauchzehen schälen und andrücken. Die Butter in der noch heißen Pfanne zerlassen, dabei den Knoblauch hinzufügen. Das Kalbsherz aus der Alufolie nehmen und 2 Minuten in der Knoblauchbutter schwenken. Herausnehmen, in dünne Scheiben schneiden und mit der Maracujapolenta anrichten; sofort servieren.

REGISTER

REZEPT- UND SACHREGISTER

Küchentechnische und warenkundliche Themen sind *kursiv* gesetzt

I/J

K

L

M

N/O

P

R

S

T

V/W

Z

IMPRESSUM

Grillparzerstr. 12
D-81675 München
TEUBNER ist ein Unternehmen des Verlagshauses Gräfe und Unzer, Ganske Verlagsgruppe
www.teubner-verlag.de

Projektleitung: Claudia Bruckmann
Konzept: Claudia Bruckmann, Melanie Haizmann
Redaktion: Cornelia Klaeger, München
Korrektorat: Petra Bachmann
Titelfoto: Joerg Lehmann
Gestaltungskonzept: Independent Medien-Design, München
Satz: Christopher Hammond, München
Herstellung: Susanne Mühldorfer
Repro: Longo AG, Bozen
Druck: aprinta, Wemding
Bindung: m.appl, Wemding

1. Auflage 2015

ISBN 978-3-8338-4304-4

GRÄFE UND UNZER

Ein Unternehmen der
GANSKE VERLAGSGRUPPE

Fotografie:

Dorothee Gödert: 2, 3, 6, 13, 20, 27, 28, 29, 37, 41, 42, 49, 53, 57, 62, 63, 69, 70, 72, 74, 79, 82, 83, 91, 99, 104, 106, 107, 113, 117, 120, 122, 127, 130135, 136, 141, 142, 143, 146, 147, 155, 161, 162, 168, 173, 177, 183, 185, 189, 196, 197, 203, 214, 222, 223, 225, 226, 233, 239, 241, 245, 248, 255, 259, 263, 268, 269, 270, 271, 279, 284, 287, 291, 297, 301, 306, 307, 310, 312, 313

Alle anderen Fotos von Matthias Hoffmann, Frauke Koops (Styling); Eising Foodphotography, Martina Görlach; Westermann+Buroh Studios, Hamburg; Teubner Foodfoto

Syndication:
www.jalag-syndication.de

Weitere kulinarische Entdeckungen unter www.messerspitzen.de

Umwelthinweis: Dieses Buch ist auf PEFC-zertifiziertem Papier aus nachhaltiger Waldwirtschaft gedruckt.

Liebe Leserin und lieber Leser,

wir freuen uns, dass Sie sich für ein TEUBNER-Buch entschieden haben. Mit Ihrem Kauf setzen Sie auf die Qualität, Kompetenz und Aktualität unserer Bücher. Dafür sagen wir Danke! Ihre Meinung ist uns wichtig, daher senden Sie uns bitte Ihre Anregungen, Kritik oder Lob zu unseren Büchern. Haben Sie Fragen oder benötigen Sie weiteren Rat zum Thema? Wir freuen uns auf Ihre Nachricht!

Wir sind für Sie da!
Montag – Donnerstag:
8.00 – 18.00 Uhr
Freitag: 8.00 – 16.00 Uhr

Tel.: 00800 - 72 37 33 33*
Fax: 00800 - 50 12 05 44*
(* gebührenfrei in D, A, CH)

E-Mail:
leserservice@graefe-und-unzer.de

GRÄFE UND UNZER Verlag
Leserservice
Postfach 86 03 13
81630 München